8 KRÄUTERKENNERINNEN

Zwölf ungezähmte Pflanzen fürs Leben

Wie die Brennnessel und ihre Freunde auszogen, um zu zeigen, was in ihnen steckt!

löwenzahn

So viel pure Kräuterkraft steckt in mir – und noch viel mehr:

Große Brennnessel – *Feurige Aphrodite*

Brigitte Plank

Gundermann – *Just magic!*

Schwarzer Holunder – *Hüter der Schwelle*

Hildegard Riedmair

Kornelkirsche – *Die Dirndlkönigin, eine herbe Schönheit*

Löwenzahn – *Der Sonnyboy*

Monika Engelmann

Schlehe – *Die beschützende Fee*

Spitzwegerich – *Hilfreicher Kumpan für unterwegs*

Hamstergeheimnisse

Entdecke mit uns die Wildpflanzenwelt

Wildkräuter sind vielseitige Pflanzen mit Geschmack, inneren Werten und Charakter. Je eingehender wir uns mit der „wilden Vielfalt“ beschäftigt haben, desto deutlicher traten für uns die speziellen Charaktere der einzelnen Pflanzen hervor. Daraus sind ganz besondere Pflanzenbeschreibungen entstanden, die botanische Fakten mit kuriosen und spannenden Geschichten vereinen. In diesem Buch geben wir Autorinnen den Wildpflanzen eine Stimme und verhelfen ihnen so zu einem Coming-Out der besonderen Art. In persönlichen Statements berichten die Pflanzen von ihrer Herkunft und Familie, geben Tipps zur Verwendung und zu ihren Ansprüchen. Sie erzählen dir von ihren Heldentaten, ihrer Hilfsbereitschaft, ihren Stärken und Schwächen. Dabei lassen sie auch sehr menschliche Gefühle erkennen und offenbaren uns ihre Träume.

Von Tees über Cremen, Cocktails bis hin zu Pflegeölen und Tinkturen: Mit Frauenmantel, Schafgarbe und Co. kannst du die tollsten Sachen machen

Lust auf Geschmack?

Mit viel Liebe und Leidenschaft haben wir acht Kräuterpädagoginnen für dieses Buch die Kochlöffel geschwungen und präsentieren dir gesunde Wildkräuterküche von ihrer unvergleichlich geschmackvollen Seite. Die verwendeten heimischen Wildpflanzen beschreiben wir dir ausführlich. Sie sind alle leicht zu finden, zu bestimmen und zu sammeln. Unsere Rezepte für grüne Gaumenfreuden begleiten Schleckermäulchen ebenso wie Liebhaber des Würzigen durch das ganze Jahr.

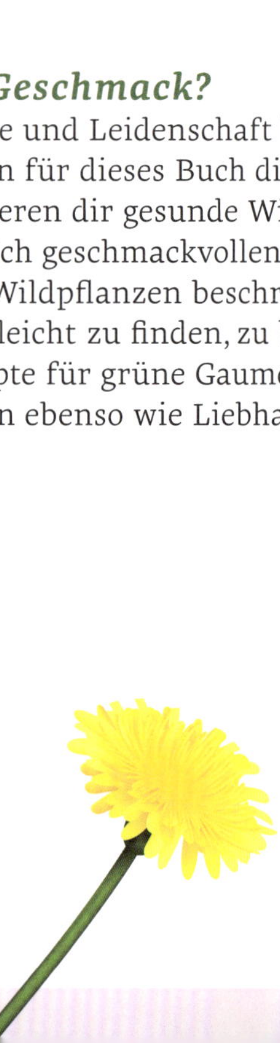

Heilsames Grün

Vielfältig wie ihr Aussehen und ihr Aroma sind auch die Inhaltsstoffe von Wildpflanzen. So manches Zipperlein lässt sich mit ihnen auf natürliche Weise lindern. Viele überraschend einfache Anwendungen und Rezepte aus der Volksheilkunde haben wir hier vereint. Mit ihnen kannst du dir Gutes tun.

Sammeln und relaxen

Heute schon gestaunt?

Eine abwechslungsreiche Rezepte-Sammlung für Kulinarisches und Heilsames war uns Autorinnen noch nicht genug. Es gibt noch viel mehr mit den Pflanzen zu entdecken: Pflanzen sind schön. Sie bewusst zu betrachten fasziniert und macht glücklich. Pflanzen geben uns Sauerstoff, Energie, Kleidung oder Baustoff, sie liefern spannende Geschichten, sind inspirierend, regen an oder entspannen. Darüber hinaus verfügen sie über weit mehr Fähigkeiten, als wir ihnen bisher zugetraut haben. Auf ihre eigene Art haben sie, wie wir, ebenfalls Sinne, mit denen sie die Umwelt wahrnehmen können. Sie bilden miteinander Netzwerke, um zu kommunizieren, erspüren die Schwerkraft, neutralisieren Gifte im Boden und entwickeln erstaunliche Strategien rund um die Fortpflanzung.

Unsere VIPs (Very Important Plants)

Hier sind unsere Wildpflanzenstars mit ihren wichtigsten Eigenschaften und Kräften im Schnelldurchlauf:

Die Brennnessel
Feurig, mächtig, unnahbar. Sie will gezähmt werden, dann verschenkt sie großzügig Kraft und Vitalität.

Der Frauenmantel
Ein umhüllender Beschützer. Er stärkt und gibt Frauenpower.

Der Giersch
Wild, frech und der Schrecken der Gärtner. Er lebt dir vor, was Resilienz bedeutet!

Der Gundermann
Just magic!
Er ist ein würziger Wundheiler, der schon die Köpfe germanischer Frauen schmückte und neugierig durch Zäune späht.

Der Holunder
Der Hüter der Schwelle. Er fordert Achtung und Respekt – doch er gibt alles, um den Menschen Heilung zu bringen.

Die Kornelkirsche
Eine Dirndlkönigin.
Sie ist eine anmutige, doch herbe Schönheit, deren innere Werte es zu ergründen gilt.

Der Löwenzahn
Ein wirkungsvoller Sonnyboy. Er wärmt nicht nur die Herzen, sondern beschäftigt auch die Wissenschaft.

Die Rose
Sie ist verführerisch, zielstrebig, selbstbestimmt und schafft den Spagat zwischen weiblicher Sensibilität und amazonengleicher Wehrhaftigkeit.

Die Schafgarbe
Die tausendblättrige Gesundmacherin. Sie kann kein Blut sehen und heilt sogar gebrochene Herzen.

Die Schlehe
Eine beschützende Fee. Sie regt dazu an, den Blickwinkel zu wechseln. Von außen wirkt sie abweisend, aber von innen bietet sie Schutz.

Der Spitzwegerich
Ein hilfreicher Kumpan. Er ist ein Globetrotter und bei uns doch tief verwurzelt.

Die Vogelmiere
Eine Glücksbringerin. Sie wäre auch gerne einmal die strahlende Königin, schenkt sie doch jedem, der sie mit Achtsamkeit betrachtet, pures Glück.

Neugierig geworden?
Wir wünschen dir viel Vergnügen beim Kennenlernen der Wildpflanzen-VIPs.

Das Kräuterkollektiv

Wir sind das Kräuterkollektiv …

… und das im wahrsten Sinne des Wortes! Wir sammeln unsere geliebten Wildkräuter gern gemeinsam, aber jede von uns acht Frauen führt ihr eigenes Leben und hat sehr individuelle Anschauungen.

Die Idee, gemeinsam „was schreiben“ zu wollen, wurde vor ein paar Jahren während eines Kräuterpädagogen-Stammtisches geboren. Kaum darüber nachgedacht, waren wir auch schon unglaublich begeistert!

Aber auch genauso schnell entwickelten sich die ersten kontroversen Diskussionen. Warum sollten wir uns eigentlich an die Arbeit machen? Gibt es nicht schon unglaublich viele gute Kräuterbücher, und was wäre der spezielle Mehrwert für unsere Leser?

Unser Ergebnis: Der Leser bekommt acht Bücher in einem! Die Essenz des Wissens und die gebündelte Erfahrung von acht erfahrenen und sehr unterschiedlichen Kräuterfrauen!

Nachdem diese Frage geklärt war, starteten wir mit einer wilden Stoffsammlung von interessanten und spannenden Artikeln über verschiedene Aspekte des Pflanzenwissens: Inhaltsstoffe, Botanik, Magie, Mystik, Kulinarisches und Heilanwendungen. Zwei Jahre beschäftigten uns diese Beiträge. Mit großer Ernsthaftigkeit lasen wir sie gegen, tauschten uns über die unterschiedlichen Anschauungen aus und diskutierten teilweise heftig über einzelne Begriffe. Nichtsdestotrotz stand über allem die unausgesprochene Überzeugung, dass wir immer einen guten und für alle tragbaren Kompromiss finden wollten. In dieser wichtigen Zeit fanden wir wirklich als Gruppe zusammen. Unsere Arbeitspausen wurden zu kulinarischen Highlights! Denn wenn sich acht Kräuterpädagoginnen treffen, biegt sich zwangsläufig der Küchentisch unter mitgebrachten Leckereien und interessanten Kochexperimenten aus der Wildkräuterküche. Eine weitere liebgewonnene Nebenerscheinung eines jeden Treffens waren unsere intensiven Gespräche über Privates und Gott und die Welt. Kurz gesagt, wir wurden zu Freundinnen!

Doch irgendwann konnten wir der Frage nach dem weiteren Vorgehen nicht mehr ausweichen. Was war nun zu tun? Sollte aus diesem Sammelsurium ein kleines Handout für unsere Kursteilnehmer oder etwas Größeres werden? Von der großen Anzahl der geleisteten Arbeitsstunden sicherlich maßgeblich beeinflusst, entschieden wir uns – naiv, aber sicherlich nicht ganz unbescheiden – dass es was „Gescheites“ werden sollte, ein echtes Buch!

Nach etwas Recherche war klar, dass vieles einfacher wird, wenn man einen guten Verlag im Rücken hat. Eine befreundete Grafikerin half uns, ein Probekapitel zusammenzustellen, und wir machten uns an die Verlagssuche. Noch heute können wir die unglaubliche Freude über die positive Antwort des Löwenzahn Verlags kaum in Worte fassen. Besonders, dass nicht nur Interesse an dem Projekt als solchem, sondern auch an unserer ungewöhnlichen Autorinnenkonstellation bestand, machte uns einfach nur glücklich!

Gleich beim ersten Treffen verpassten uns Anita und Katharina vom Verlag den Titel „Das Kräuterkollektiv“. Wir konnten uns damit sofort identifizieren und waren schwer begeistert. Was für eine wunderbare Wortschöpfung!

Was uns da noch nicht ganz bewusst war: Der Begriff Kollektiv beschreibt ein nicht näher definiertes gesellschaftliches Gebilde, dessen Angehörige sich nach den unterschiedlichsten Aspekten vereinen. Und hierin liegt auch schon die Krux: Wir sind sehr unterschiedlich in unseren Erfahrungen, Anschauungen und Herangehensweisen. Das machte die gemeinsame Arbeit im letzten Jahr manchmal zu einer echten Aufgabe.
Es gab Treffen, bei denen Wortfeilereien epischen Ausmaßes einige zur Verzweiflung trieben und wir uns immer wieder disziplinieren mussten. Letztlich stellte sich aber diese große Diskussionsfreudigkeit als eine der Stärken des Kollektivs heraus. Wir hinterfragten weiterhin alles, lernten aneinander und miteinander. Wir verstanden aber auch, dass nur durch vereintes Ziehen an einem gemeinsamen Strang Gutes entstehen kann. Die unbändige Liebe zur Natur ist unser gemeinsamer Nenner. In Worte gefasst lautet unsere einende Philosophie:

„Grün macht glücklich!“

Wir hoffen, dieses Lebensgefühl auch an dich weitergeben zu können! Das Kräuterkollektiv

Unser Kollektivsalz

Die Idee zu unserem Kollektivsalz entstand als Quintessenz aus dem Umgang mit allen unseren Lieblingswildkräutern. Es steht symbolisch für unser Kräuterwissen, welches wir als Kollektiv im Buch wiedergeben. Wohlwissend, dass Salz nicht nur ein Geschmacksgeber ist, sondern auch in unserem Blut, in Schweiß und Tränen vorkommt.

Doch bis wir unsere passende Mischung aus heimischen Kräutern und regionalem Steinsalz entwickelt hatten, bedurfte es einiger Experimente. Gut Ding will Weile haben!

Am Anfang standen zwölf verschiedene Einzelsalze. Ein paar von uns trockneten Blätter und Blüten, die anderen vermischten Fruchtmus und -saft mit dem Salz und erprobten hierfür verschiedene Trocknungsverfahren. Groß war die Überraschung über die wunderbare Farbpalette. Unsere Pflanzenfreunde beschenkten uns mit verschiedensten Nuancen von Gelb, Rot, Blau und Grün.

Unsere besten Ergebnisse lieferten:

Brennnessel – Kraut
Frauenmantel – Kraut
Giersch – Blätter
Gundermann – Kraut
Holunder – Blüte
Kornelkirsche – Frucht
Löwenzahn – Blüte
Rose – Blüte
Schafgarbe – Kraut
Schlehe – Frucht
Spitzwegerich – Kraut
Vogelmiere – Kraut

Hier sind sie, die zwölf Protagonisten dieses Buches. Bereit, sich mit dem Salz zu vereinen.

Mit großer Kreativität und kindlicher Freude mischten wir unsere bunten Salze zusammen und schufen so unser gemeinschaftliches Kräutersalz.

Jedes Salz für sich allein gesehen schmeckt schon phänomenal, aber in der Mischung sind sie einfach sensationell!

Geballte Kräuterpower: unser Kollektivsalz

Große Brennnessel

Feurige Aphrodite

Ich bin feurig, schön und mächtig. Mit großer Leidenschaft schenke ich dir meine ganze Kraft. Lass dich auf mich ein und zähme mich, dann wirst du in hohem Maße von mir profitieren.

So heiße ich

Mein „richtiger“ Name, den mir Carl von Linné gegeben hat, ist *Urtica dioica* L. Das ist bezeichnend, denn *Urtica* leitet sich von dem Wort „urere“ ab, lateinisch für brennen, und *dioica* heißt übersetzt zweihäusig. Bin ich ein weibliches Exemplar, dann trage ich etwa von Juni bis Oktober hängende Rispen mit grünen unscheinbaren Blüten, die sich in dreikantige Nussfrüchte verwandeln. Du kannst sie ernten, sobald sie gut ausgereift, aber noch grün sind. Bin ich ein Männchen, kannst du unscheinbare, kugelige, hellgrüne Blüten, die auf einem dünnen Stängel seitlich vom Haupttrieb abstehen, entdecken. Aus ihnen entwickeln sich freilich keine Früchte.

Meine Spitznamen

Je nach Region und Verwendung haben sich viele verschiedene Namen für mich ergeben, z.B. Donnernessel, Hanfnessel, Saunessel, Haarnessel, Tausendnessel, Scharfnessel, Nettel, Habernessel, Gichtrute oder Teufelskraut.

Warum ich brenne

Meine Brennhaare bestehen aus Röhren, die an der Spitze durch eingelagerte Kieselsäure spröde sind wie Glas. Unten in der Röhre befindet sich eine Flüssigkeit, die u.a. Histamin und Ameisensäure enthält. Berührst du mich, bricht die spröde Spitze ab. Das Röhrchen ist dann scharf wie eine Injektionskanüle und sticht in deine Haut. Daraufhin spritzt die Brennflüssigkeit in deine Haut und verursacht dort brennende Schmerzen, Juckreiz und Quaddeln.

We are family

Meine Familie, die Brennnesselgewächse *(Urticaceae)*, ist sehr überschaubar. Sie besteht hierzulande lediglich aus mir und meiner kleinen Schwester, der Kleinen Brennnessel *(Urtica urens)*.

Meine Brennhaare sind charakteristisch für mich

Typisch für mich

Ich bin eine der stärksten und mächtigsten Pflanzen überhaupt. Ich brenne heiß wie Feuer. Fass mich an und du weißt, wovon ich spreche. Nahezu überall auf mir verteilt sitzen meine wunderschönen, glänzenden Brennhaare. Sie machen mich zu einer gefährlichen Schönheit und einer echten Besonderheit.

Hier wachse ich besonders gerne

Wenn es mir an einem Platz so richtig gut gefällt, dann breite ich mich mächtig aus. Ich kann bis zu 1,50 m groß werden und bevorzuge stickstoffreiche Böden, daher bezeichnen die Menschen mich als Stickstoffzeigerpflanze. Du findest mich fast überall auf der Welt. Ich bin eine hemerophile Pflanze, das heißt, ich wohne gerne in der Nähe der Menschen. Leider stoße ich bei ihnen aufgrund meiner Wehrhaftigkeit nicht immer auf Gegenliebe, doch genau das ist meine Überlebensstrategie. Sonst würde ich in kürzester Zeit aufgegessen werden, weil ich so gesund bin.

Nesselstoff

Früher war die Brennnessel neben Hanf und Lein ein wichtiger Faserlieferant. Man hat aus ihr den etwas groben Nesselstoff gewoben. Im frühen Mittelalter stellte man Stoffe für Kleidung und Segel sowie Seile, Taue und Netze daraus her. Zu Beginn der Industrialisierung wurde versucht, eine Nesselgarnindustrie zu etablieren. Der große Erfolg blieb allerdings aus, da mittlerweile Baumwolle aus den Überseekolonien die Brennnesselfaser vom Markt verdrängte. In Krisenzeiten erinnerten sich die Leute jedoch an die einheimische Pflanze. 1918 wurde in Berlin zur Nesselsammlung aufgerufen, um der kriegsbedingten Faserknappheit entgegenzuwirken. Für 100 kg trockene Nesselstängel bekam man 28 Mark und jeder Hektar Anbaufläche wurde mit 400 Mark vergütet. In neuerer Zeit gab es einige geförderte Projekte zur Nutzung der Brennnessel als ökologischen Industriewerkstoff, z.B. zur Verstärkung von Innenraumbauteilen im Fahrzeug. Aktuell gewinnt die Brennnessel für die vegane Stoffherstellung wieder etwas an Bedeutung.

Das steckt in mir

Ich habe so viele Inhaltsstoffe von herausragender Qualität, dass ich manchmal als Königin der Heilpflanzen bezeichnet werde. Ich nähre und stärke Mensch, Tier und Pflanze und habe die Fähigkeit, giftige Stoffe auszuleiten. In mir steckt viel Magnesium, Kalium, Calcium, Eisen und reichlich Silicium in Form von löslicher Kieselsäure und Phenolcarbonsäuren. Außerdem enthalte ich Flavonoide und Histamin. Mein Eiweißgehalt ist hoch und an den Vitaminen A, C und E mangelt es ebenfalls nicht. Dazu warte ich mit hochwertigen Fettsäuren, Schleimstoffen, Gerbstoffen, Carotinoiden und Phytohormonen auf. Welche andere Pflanze kann da schon mithalten? Verstehst du nun, warum ich mich schützen muss?

Dabei helfe ich dir

Ein Tee aus meinen Blättern regt deine Nierenfunktion an, wirkt harntreibend und entgiftend. Meine frischen Blätter wirken blutbildend und blutreinigend, daher habe ich einen positiven Einfluss bei allen Hautleiden. Ich aktiviere die Bauchspeicheldrüse durch Erhöhung der Enzymproduktion und rege insgesamt den Zellstoffwechsel an. Meine Samen enthalten viele Phytohormone. Sie wirken auf das gesamte Hormonsystem anregend und steigern deine Vitalität und Kraft, die Liebeslust und die Potenz.

Ein bisschen Sonne mag ich gern

Signaturenlehre

„Alles, was die Natur gebiert, das formt sie nach dem Wesen seiner Tugend."

Theophrastus Bombastus von Hohenheim (1493–1541), besser bekannt als Paracelsus, gilt als Begründer der Signaturenlehre. Aufgrund seiner Fähigkeit, den Kern vieler Dinge zu hinterfragen, prägte er das Wissen, als es noch keine Messgeräte und Labore gab. Er verstand es, die Zeichen der Natur zu lesen und zu interpretieren. Er fand Entsprechungen zwischen Form, Farbe, Geruch, Geschmack, Standort, astrologischer Zuordnung und weiteren Aspekten der Pflanzen und stellte Bezüge zu Krankheitsbildern und einer möglichen Heilung her. Das Wesen einer Pflanze formt sich nach dieser Lehre aus allen Faktoren und ist immer mehr als die reine Summe ihrer Inhaltsstoffe. Die Brennnessel mit ihrem wehrhaften Wesen steht für Willenskraft und Abgrenzung.

Achtung, Verwechslungsgefahr!

Taubnesseln, die noch nicht blühen, sehen mir zum Verwechseln ähnlich. Sie haben keine Brennhaare und tragen später hübsche weiße, gelbe oder purpurrote Lippenblüten.

Meine Schwester, die Kleine Brennnessel, sieht mir besonders ähnlich. Sie ist aber im Gegensatz zu mir einhäusig. Bei ihr sitzen die männlichen und weiblichen Blütenstände auf der gleichen Pflanze. Sei vorsichtig! Sie bleibt zwar klein, brennt dafür aber besonders stark, da sie ausschließlich Brennhaare besitzt. Ich dagegen habe auch sogenannte taube Haare, die nicht brennen.

Gefleckte Taubnessel

Weiße Taubnessel

Gelbe Taubnessel

Rote Taubnessel

Pflück mich

Um meine jungen Triebspitzen zu ernten, packst du am besten herzhaft zu. Dann brechen meine Haare ab und können dich nicht mehr brennen. Wenn du dich nicht traust, mich anzufassen, zieh Handschuhe an oder schneide mit einer Schere die zarten Blätter meiner oberen drei bis vier Etagen ab. Durch ständigen Schnitt bilde ich neue Seitentriebe mit frischen Blättern. Über Nacht reichert sich in meinen Blättern Stickstoff in Form von Nitrat an. Erst mithilfe von Sonnenlicht bilde ich aus dem gespeicherten Nitrat Proteine, sodass du meine Blätter am besten erst gegen Mittag erntest. Bis dahin hat sich mein Nitratgehalt bereits verringert.

Taube Nesseln brennen nicht.

Brennnessel-blattpulver

Zarte Triebspitzen sammeln und schonend trocknen. In einem sauberen Schraubglas, kühl und dunkel aufbewahrt, ist der Vorrat für das ganze Jahr gesichert. Kurz vor dem Verzehr portionsweise mörsern.

Klein aber oho! Frisch entfaltet und schon voller Brennkraft.

Pflanzendoktor Brennnessel

Naturgartenliebhaber wissen Brennnesseljauche zu schätzen. Sie kann vorbeugen, stärken, düngen und heilen! Um diese anzusetzen, nimmst du ein Gefäß aus Stein, Holz oder Kunststoff (kein Metall). Gib ca. 1 kg grob geschnittene Brennnesseln hinein und fülle es mit 10 l Wasser auf. Wähle für das Gefäß einen abgelegenen Platz in deinem Garten, denn der Jaucheansatz stinkt. Mische eine Handvoll Steinmehl unter, das mildert den strengen Geruch etwas. Die Jauche braucht jetzt 10 bis 14 Tage zum Reifen. Sobald keine Bläschen mehr aufsteigen, ist sie einsatzbereit. Vor der Verwendung verdünnst du 1 l fertige Jauche mit 10 l Wasser.

Was du sonst noch über mich wissen solltest

Ich bin zwar nur grün, bringe aber trotzdem Farbe in deinen Garten. Denn ich diene den Raupen von Tagpfauenauge, Kleinem Fuchs, Admiral und Landkärtchen und noch einigen anderen Schmetterlingen als Kinderstube und Nahrung. Es ist ein kleines Wunder, wie sich diese zarten Wesen ihren Lebensraum zwischen meinen Brennhaaren arrangieren. Nach ihrer Metamorphose segeln die buntschillernden Falter über die Blütenpracht in deinem Garten, halten für einen Augenblick inne, um Nektar aufzunehmen, und lassen dich staunen, bevor sie im Taumelflug weiterziehen. Marienkäfer und Ohrwürmer, die Läusepolizei, naschen auch gerne an mir.

Buntes Leben ist mit mir und auf mir. Hier ein Marienkäfer.

„Leben ist nicht genug!", sprach der Schmetterling, „Sonnenschein, Freiheit und ein kleines Blümchen muss man haben!" (Hans Christian Andersen)

Das hättest du nicht von mir gedacht

Du findest mich in vielen Märchen als mystische Pflanze. Hans Christian Andersens „Die wilden Schwäne“ (1838) handelt von der Suche eines mutigen, willensstarken Mädchens nach ihren in Vögel verwandelten Brüdern. Schweigend soll sie auf Friedhöfen Brennnesseln sammeln und daraus Hemden weben, um die verwunschenen Geschwister zu erlösen. In der Pflanzenmythologie gelte ich als die Gefährtin des Menschen. Ich schütze Haus und Bewohner vor Unheilbringendem. Im Märchen wird das aus Nesseln gewirkte Hemd zum Schutzpanzer vor dem bösen Zauber. Ferner heißt es, ich bewache den Eingang zum Totenreich. Und so ist der Brückenschlag zum Totenhemd nicht weit. Als der Tod noch ein selbstverständlicher Begleiter des Lebens war, war es üblich, ein selbst gewebtes Totenhemd aus Nesselfasern im Schrank liegen zu haben. Das schlichte Hemd, oftmals identisch mit dem Brauthemd, war wichtiger Teil der Aussteuer einer jeden jungen Frau. Der gute und beschützte Weg am Übergang in die andere Welt war so sichergestellt.

Was andere über mich sagen

Wer Haus und Hof, vor allem in der Walpurgisnacht, der Nacht vom 30. April auf den 1. Mai, mit mir ausräucherte, der wurde nicht nur von Blitz und Feuer verschont, sondern auch von Hexen und dem Teufel, so ging die Kunde. Im Hühnerfutter sollen meine Samen für mehr Eier sorgen. In der naturnahen Geflügelaufzucht ist es bis heute üblich, die „Biberl“ (bayerisch für Küken) mit meinen klein geschnittenen Blättern zu füttern.

Früher gaben Rosshändler ihren Pferden meine Samen zu fressen. Damit glänzte das Fell alter Gäule besser und durch die in mir enthaltenen Vitalstoffe gebärdeten sich die feilgebotenen Tiere gleich viel feuriger.

„Brennessel, verkanntes Kräutlein, dich muss ich preisen,
dein herrlich Grün in bester Form baut Eisen,
Kalk, Kali, Phosphor, alle hohen Werte,
entsprießend aus dem Schoß der guten Mutter Erde.
Nach ihnen brauchst du dich nur hinzubücken
die Sprossen für des Leibes Wohl zu pflücken,
als Saft, Gemüse oder Tee sie zu genießen.
Das, was umsonst gedeiht in Wald, auf Pfad und Wiesen,
selbst in noch dürftiger Großstadt, nahe dir am Wegesrande,
nimms hin, was rein und unverfälscht die gütige Natur
dir heilsam liebend schenkt auf ihrer Segensspur."
(Dr. Heinrich Hoffmann, 1809–1894,
Verfasser des Struwwelpeter)

Brennnessel als Eisenlieferant

Kostet man gedünstete Brennnesseln pur, ist ein metallischer Beigeschmack wahrzunehmen, der auf den hohen Eisengehalt der Pflanze hinweist. Erfahrungsgemäß kann eine tägliche Einnahme von einem Teelöffel Brennnesselblattpulver in Müsli, Smoothies oder über das Gemüse gestreut, die Bluteisenwerte positiv beeinflussen.

Wilde Küche

Die Brennnessel ist ein echter Tausendsassa. Schau mal, was du mit ihr alles zaubern kannst.
Alle Rezepte sind für 4 Personen, falls nicht anders angegeben

NESSELÖHRCHEN

Brennnesselblätter in Bierteig

DAS BRAUCHST DU:

3 EL Weizenmehl
1 Ei
20 ml helles Bier
etwas Salz
2 Handvoll mittelgroßer Brennnesselblätter mit Stiel
Brat-Olivenöl
Kräutersalz

SO GEHT'S:

Mehl, Ei, Bier und Salz zu einem dünnen Teig verquirlen. Ein Blatt am Stiel nehmen und es in den ziemlich flüssigen Bierteig eintauchen. Gut abtropfen lassen und auf beiden Seiten schwimmend in nicht zu heißem Öl backen. Aufgepasst, das Blatt wird schnell braun! Hier braucht es etwas Übung, denn das Blattgrün soll erhalten bleiben. Die Blätter mit der Schaumkelle aus dem Fett heben und auf ein Küchenpapier legen. Die Nesselöhrchen nach Wunsch vor dem Servieren mit Kräutersalz würzen.

Gesund und bunt, lecker wie Cracker

Das i-Tüpferl:
Serviere die Brennnessel-Chips zur Begrüßung von Gästen oder als kleine Vorspeise mit unserem Breziki (siehe Seite 29). Du wirst überrascht sein, denn ratzfatz sind die Teller leer!

Gemüsepflanze Brennnessel

Die Brennnessel kannst du wie Spinat einsetzen, z.B. in Knödeln, Risotto, Lasagne, Eierspeisen etc. Die Samen kannst du in Suppen, auf ein Butterbrot oder über den Salat streuen, in Brot einbacken oder zu Gemüsegerichten geben. Verwendest du die Brennnessel roh, bearbeite die Blätter mit einer Teigrolle, um die Brennhaare zu brechen.

BRENNNESSEL AL ITALIANO

Brennnessel-Walnuss-Pesto

DAS BRAUCHST DU:

80 g frische, gewaschene und geschnittene Brennnesseln
100 g Walnüsse
ca. 150 ml Olivenöl
1/2 TL Salz
1 TL Zitronensaft
frisch gemahlener Pfeffer

SO GEHT'S:

Alle Zutaten im Mixer pürieren und z.B. zu Vollkornspaghetti servieren. Etwas Parmesan darüber ... buon appetito!

Das i-Tüpferl:

Wenn du es etwas kerniger magst, hackst du die Nüsse von Hand und gibst sie erst nach dem Pürieren des Pestos dazu.

Aki beim meditativen Hacken

KAS-TALER

Käse-Brennnessel-Gebäck

DAS BRAUCHST DU:

250 g Dinkelvollkornmehl
1 TL Backpulver
200 g kalte Butter
1 Ei
1 TL Salz
etwas Pfeffer und Muskat
1 Handvoll Brennnesselblätter, frisch oder getrocknet
200 g Bergkäse, fein gerieben

SO GEHT'S:

Das Mehl mit dem Backpulver vermischen. Die Butter, das Ei und die Gewürze mit der Mehlmischung zu einem feinen Mürbeteig kneten. Frische Brennnesseln waschen, gut abtrocknen lassen und sehr fein schneiden. Getrocknete Brennnesseln in einem Mörser oder in einem Mixer zermahlen. Die Brennnesseln dann zusammen mit dem geriebenen Bergkäse unter den Teig kneten.

Eine Kugel formen und abgedeckt ca. 1 Stunde kalt stellen. Anschließend den Teig dünn ausrollen, beliebige Formen ausstechen und die Plätzchen auf ein mit Backpapier ausgelegtes Backblech legen. Im vorgeheizten Backofen bei 180 °C Heißluft ca. 10 Minuten backen.

Das i-Tüpferl:

Die Kas-Taler passen prima zu einem Glas Wein. Unbedingt auf Vorrat produzieren!

BREZIKI

Brennnessel-Zaziki

Breziki: bayerisch-griechische Symphonie

DAS BRAUCHST DU:

3 Handvoll zarter Brennnesselblätter
1/4 Salatgurke
125 ml Naturjoghurt
1 Knoblauchzehe
1 Prise Pfeffer
1 Prise Salz
1 TL Zitronensaft
1 EL Olivenöl
evtl. Brennnesselsamen

SO GEHT'S:

Brennnesselblätter waschen und (falls vorhanden) in einer Salatschleuder trocken schleudern, danach in sehr feine Streifen schneiden. Die Gurke halbieren, entkernen und grob raspeln. Anschließend mithilfe eines Tuches den Gurkensaft ausdrücken.

Saft auffangen und trinken – macht fit!

Gurken und Brennnesseln unter den Joghurt rühren. Die Knoblauchzehe pressen und mit den Gewürzen, dem Zitronensaft und dem Olivenöl unterrühren. Ganz wichtig zum Schluss: abschmecken!

Das i-Tüpferl:
Nimm ab dem Hochsommer zusätzlich Brennnesselsamen als stärkendes Topping!

MÄNNERMARMELADE

Mirabellenaufstrich mit Brennnesseln und Kardamom

DAS BRAUCHST DU:

400 g Mirabellen
etwas Wasser
1 Handvoll junger, frischer oder getrockneter Brennnesselblätter
Kardamomsamen, aus etwa 3 grünen Kapseln
etwas frisch gemahlener Pfeffer
Saft von 1/2 Zitrone
Gelierzucker (Menge nach Packungsangabe)

SO GEHT'S:

Die Mirabellen mit dem Wasser weich kochen und zum Entsteinen passieren. Die Brennnesselblätter mit dem Mirabellenmus mischen. Die Kardamomsamen mörsern und dazugeben. Alles pürieren und mit Pfeffer und Zitronensaft abschmecken. Anschließend mit dem Gelierzucker nach Packungsanleitung aufkochen und in saubere Gläser füllen.

HIGH BRENNERGY

Energiebällchen mit Brennnesselsamen

DAS BRAUCHST DU:

175 g gemischtes Trockenobst
100 g Mandeln, gemahlen
25 g Kokosflocken, alternativ Hanfsamen, geschält
10 g Sesamsaat
2 EL Brennnesselsamen, getrocknet
2 EL Aroniapulver
1 TL Zimtpulver
je 1 Prise gemahlene Vanille und geriebene Tonkabohne
4 EL Wasser
zum Wälzen: Kokosflocken, Kakaopulver, Sesamsamen, Brennnesselsamen

SO GEHT'S:

Das Trockenobst klein schneiden. Alle Zutaten bis auf das Wasser zusammen im Mixer zerkleinern. Vorsichtig etwas Wasser zugeben, sodass die Masse nicht zu flüssig wird, und nochmals kurz mixen.
Aus der Masse Bällchen formen. Dabei die Hände zwischendurch immer wieder mit kaltem Wasser benetzen. Die Bällchen anschließend nach Belieben in Kokosflocken, Kakaopulver, Sesam- oder Brennnesselsamen wälzen.
Im Kühlschrank sind die etwas angetrockneten Bällchen in einer Dose etwa 1–2 Wochen haltbar.

Brennnesselsamen

Brennnesselsamen sind wunderbare kleine Kraftpakete, die viele Körperfunktionen anregen und sehr gesund sind. Sie enthalten ca. 30 % Fett (besonders viel Linolsäure), Schleimstoffe, Carotinoide und haben einen hohen Vitamin-E-Gehalt. Wenn du einen Vorrat anlegen möchtest, verteile frisch geerntete Samen auf einem sauberen Tuch und lass sie einige Tage an einem luftigen, warmen Ort trocknen. Dann lassen sie sich problemlos von den Rispen streifen oder du schüttelst sie durch ein Sieb. Bewahre die Samen dunkel und kühl auf.

Brenn- und Genusswert dieser Häppchen sind unschlagbar

NETTEL-TARTELETTE

Brennnessel-Tartelette

DAS BRAUCHST DU:

Für den Teig

250 g feines Dinkelvollkornmehl
125 g Butter
1 TL Kräutersalz
etwas Wasser oder Sahne

Für den Belag

150 ml Sahne
2 Eier
50 g geriebener Parmesan
etwas Kräutersalz
Pfeffer, Muskat
4 Handvoll frischer, klein geschnittener Brennnesseln

SO GEHT'S:

Aus Mehl, Butter und Kräutersalz einen Mürbeteig kneten und bei Bedarf etwas Wasser oder Sahne zugeben. In einer zugedeckten Schüssel etwa 1 Stunde im Kühlschrank ruhen lassen.

Sahne, Eier und Parmesan miteinander verrühren, würzen und mit den Brennnesseln mischen. 8 kleine, gefettete Tarteletteförmchen mit dem Teig auslegen und mit der Kräuter-Eier-Masse füllen. Im vorgeheizten Backofen bei Umluft ca. 30 Minuten bei 175 °C goldbraun backen.

Warm und kalt ein Genuss

RESTLOS GLÜCKLICH

Brotsuppe mit Brennnesseln

Keine brotlose Kunst: Resteverwertung mit Geschmack

DAS BRAUCHST DU:

100 g altbackenes Roggenbrot
1 Zwiebel, gewürfelt
4 EL Öl
1 l Gemüsebrühe
2 EL Essig
2 Handvoll sauberer, fein geschnittener Brennnesselblätter
Salz
Pfeffer aus der Mühle
2 EL saure Sahne

SO GEHT'S:

Das Brot und die Zwiebel würfeln, danach im Öl anbraten. Mit der Gemüsebrühe ablöschen und einige Minuten köcheln lassen. Essig und Brennnesseln zugeben, unterrühren und pürieren. Anschließend mit Salz und Pfeffer abschmecken. Besonders verlockend sieht die Suppe aus, wenn du sie mit essbaren Blüten (z.B. Kapuzinerkresse) oder gerösteten Brotwürfeln und saurer Sahne garnierst.

NESSELFIT

Entwässernder Brennnessel-Tee

Läuft's bei dir?

DAS BRAUCHST DU:

5 frische Brennnesselblätter
150 ml Wasser

SO GEHT'S:

Wasser aufkochen und die Blätter damit übergießen. Etwa 5 Minuten ziehen lassen, dann abseihen.
Die Volksheilkunde empfiehlt, 3 Tassen täglich über 4 Wochen hinweg als Frühjahrskur zu trinken. Brennnessel-Tee hat eine entwässernde, blutreinigende und harnsäureausscheidende Wirkung. Kräuterkundige raten, zu jeder Tasse Tee mindestens ein Glas Wasser zu trinken, um den Flüssigkeitsverlust auszugleichen. Von längerer Anwendung ist wegen zu starker Austrocknung abzuraten.

GEDÄCHTNIS-ÖL

Brennnessel-Öl frei nach Hildegard von Bingen

Diese Zubereitung gegen Vergesslichkeit hilft, so ist es überliefert, nur so lange, wie wir die Vergesslichkeit noch bemerken. Wichtig ist die Reihenfolge des täglichen Einsalbens mit dem Öl: zuerst die Brust und dann die Schläfen. Am besten 6–8 Wochen lang durchführen.

DAS BRAUCHST DU:

1 Handvoll junger Brennnesselblätter
kalt gepresstes Olivenöl

SO GEHT'S:

Die Brennnesselblätter zerkleinern und in einem Mörser zu Pflanzenbrei zerreiben oder pürieren. 4 Teile Frischpflanzenbrei mit 10 Teilen kalt gepresstem Olivenöl gut verrühren. Das Öl kühl lagern und bei Bedarf neu herstellen.

WURZELKRAFT

Brennnesselwurzel-Ansatz

Eigentlich gilt für uns im Kräuterkollektiv die Regel: „Die Pflanzenwurzeln sind tabu!" Aber keine Regel ohne Ausnahme, denn manchmal wächst unsere wehrhafte Freundin an Stellen im Beet, die wir gerne anderweitig gärtnerisch genutzt hätten. Aber es gibt noch einen weiteren Grundsatz, und der lautet: „Weggeworfen wird nichts!" Getreu diesem graben wir also im Herbst oder frühen Frühjahr die störenden Brennnesselwurzeln aus und machen daraus einen prostatastärkenden Ansatz.

DAS BRAUCHST DU:

100 g Brennnesselwurzeln
80 g Honig – zur Geschmacksverbesserung
1 l Doppelkorn 38 Vol.-%

SO GEHT'S:

Brennnesselwurzeln gut reinigen und zerkleinern. Alle Zutaten in ein ausreichend großes, gut verschließbares Gefäß füllen. Etwa 6 Wochen bei Zimmertemperatur ziehen lassen, dabei gelegentlich aufschütteln. Abgeseiht in Lichtschutzflaschen lagern.

Brennnesselwurzel im Glas

RAPUNZEL-KUR

Aktivierende Brennnessel-Haarkur

DAS BRAUCHST DU:

1 Handvoll Brennnesselwurzeln
300 ml Alkohol mit mind. 38 Vol.-%

SO GEHT'S:

Wurzeln sorgfältig waschen, in Stücke schneiden und in ein Schraubglas geben. Mit dem Alkohol komplett übergießen. Das Glas verschließen und 6 Wochen bei Zimmertemperatur stehen lassen. Den Auszug anschließend durch ein Sieb abgießen. Im Verhältnis 4:1 (4 Teile Wasser, 1 Teil Brennnesselauszug) in eine Sprühflasche füllen. Regelmäßig auf die Haare sprühen und in die Kopfhaut einmassieren.

Aus diesen Haarwurzeln sprießt die Brennnessel

BLÄTTERKRAFT

Brennnessel-Haarwasser und -Glanzspülung

DAS BRAUCHST DU:

Für ein kräftigendes Haarwasser

10 frische Brennnesselblätter
300 ml Wasser

Für eine Glanzhaarspülung

1 Handvoll Brennnesselblätter
1 l Wasser
1 EL Apfelessig

SO GEHT'S:

Für das Haarwasser aus den Zutaten eine große Tasse Brennnessel-Tee frisch zubereiten, abkühlen lassen und nach der Haarwäsche in die Kopfhaut einmassieren. Nicht mehr ausspülen!
Für die Spülung aus den Brennnesselblättern und dem Wasser einen kräftigen Tee brühen, 10 Minuten ziehen lassen, danach durch ein engmaschiges Sieb abgießen. Anschließend den Apfelessig zugeben. Die Spülung abkühlen lassen, nach der Haarwäsche auf die Haare geben und sanft einmassieren. Nicht mehr ausspülen! Keine Sorge: Der zarte Essiggeruch verfliegt binnen kürzester Zeit und dein Haar lässt sich leicht kämmen.

Prickelndes mit Brennnesseln

Als mein Rücken einmal beharrlich verspannt und hart blieb, erinnerte ich mich an eine alte, heute eher unübliche Methode:

„Nimm Brennnesselzweige und peitsche die schmerzende Stelle damit!"

Diese Methode setzte man früher gegen Muskelverspannungen oder zur Durchblutungsförderung von Fingern und Zehen bei Gicht ein und erzielte damit eine Schmerzlinderung. Ob das wohl funktioniert?

Ich fand an einer Waldlichtung die passenden Brennnesseltriebe und erntete beherzt einige Ruten. Gerade als ich meinen Rücken freilegen wollte, um ihn zu bearbeiten, kamen Spaziergänger des Weges. Die Blicke der Passanten zeigten deutlich ihre Verwunderung über den grünen Strauß in meiner Hand. Wieder alleine fasste ich mir ein Herz und lies die Brennnesseln über meinen Rücken prasseln. *Wow! Das wirkte!*

Die verhärteten Stellen wurden durchblutet, es kam Leben in den schmerzenden Bereich, ähnlich wie bei einem Wärmepflaster, nur nachhaltiger. Später beim Duschen kribbelte es erneut kräftig. Dabei grinste ich in Gedanken an die Gesichter der Passanten.

Aki Schwarzenberger

Aki: neugierig wie immer beobachtet sie, was wächst, kreucht und fleucht

In Konstanz am Bodensee bin ich als erste von vier Geschwistern geboren. Schon ein paar Jahre später zogen meine Eltern mit der ganzen Kinderschar in einen alten Bauernhof im abgelegenen Jachental, südlich von München. Dort wuchsen wir mit Ponys und anderen Kleintieren in einer noch völlig unberührten Natur auf. Nach der Schule und verschiedenen Praktika in der Filmbranche begann ich 1972 meine Ausbildung zur Filmautorin in München. Der Bayerische Rundfunk suchte damals zur Olympiade dringend motivierte Mitarbeiterinnen und schließlich blieb ich dem Sender bis zu meinem Rentenbeginn treu.

Privat allerdings bin ich mit meiner Familie in Lenggries geblieben. Hier konnten unsere beiden wunderbaren Kinder, so wie ich früher, auch auf dem Land aufwachsen.

Bei einer meiner vielen Reportagen lernte ich Eva Aschenbrenner kennen, die Kräuterfrau vom Kochelsee. Sie weckte meine Leidenschaft für Wildkräuter und stand mir mit Rat und Tat zur Seite. Berühmt wurde sie in der BR-Nachmittagssendung „Wir in Bayern". Später wurde sie von Monika Engelmann abgelöst. Wenn das kein Zufall ist! Moni ist heute im Kräuterkollektiv unsere quirlige Biene Maja, die uns immer wieder neue Impulse gibt.

Welch ein großartiges Netzwerk sich mir als zertifizierter Kräuterpädagogin einmal erschließen würde, konnte ich vor zehn Jahren, als ich mich für die Zeit im (Un-)Ruhestand vorbereitet habe, allerdings nicht erahnen. Ich wollte weiterhin in einem kreativen Team arbeiten, im digitalen Bereich fit bleiben, viel Zeit in der Natur verbringen und als Ex-Filmemacherin neugierig bleiben. Summa summarum habe ich das alles in unserem Team gefunden. Von jeder Kollegin habe ich während unserer „Buchbrutzeit“ sehr viel gelernt und möchte keine als Freundin missen.

Aber zurück zu meinen Wurzeln. Mein grüner Lebensfaden beginnt schon bei meinem Großvater, Dr. med. Otto Greither, der 1916 die Heilmittelfirma SALUS gründete. Mein Vater, Hans Greither, war leidenschaftlicher Naturfilmer und ich gebe heute schließlich mein Wissen als Kräuterpädagogin, Naturcoach und Umweltbildungsreferentin an die nächste Generation weiter. Das ist mein Beitrag, die Biodiversität im schönen Isarwinkel zu erhalten.

Zu meinem Netzwerk gehören aktuell die Kräutererlebnisregion Tölzer Land, die Tourist Information Lenggries, der Alpenverein Sektion Bad Tölz, die Bund Naturschutz Kreisgruppe Bad Tölz-Wolfratshausen, SALUS in Bruckmühl, die Initiative „Ackern im Oberland“ und viele aktive Kräuterpädagoginnen. Noch mehr Informationen über mein „Kräuterkarussell“ findest du auf meiner Webseite *www.pappus.eu*.

Bei mir daheim in Lenggries sollen sich auch die Piepmätze wohlfühlen

Wintersonne, Winterwonne

Meine Glücksmomente in freier Natur

Frauenmantel

Der umhüllende Beschützer

Ich bin der Beschützer aller Frauen, seit alters her. Wohltuend wie ein samtig weicher Mantel behüte, unterstütze und umhülle ich dich und deine Seele. Ich gebe dir Kraft und Balance ein Leben lang.

So heiße ich

Einen wunderschönen guten Tag, ich bin der Frauenmantel. Ich freue mich, dich kennenzulernen. Botanisch heiße ich *Alchemilla vulgaris* L., also die gewöhnliche – im Sinne von allgemein bekannte – Alchemistin. Dieser Name ist aus dem arabischen „alkemelych" abgeleitet. Die „Biochemiker" des Mittelalters versuchten aus meinen sogenannten Tautropfen Gold zu gewinnen. Meinen deutschen Namen verdanke ich der Form meines Blattes.

Meine Spitznamen

Also Spitznamen habe ich wirklich viele. Sie beziehen sich entweder auf mein Aussehen, auf meine Heilwirkung oder auf das, was die Menschen in mir sahen. Eine Auswahl: Alchemistenkraut, Frauentrost, Allerfrauenheil, Jungfrauenwurz, Marientränen, Muttergottesmantel, Weiberkittel, Perlkraut, Taubecher, Taurosenkraut, Taumantel, Sonnentau, Gewittergras, Neunlappenkraut, Dächlichrut, Regendachl und so fort. Mein ungewöhnlich klingender Volksname Sinau bedeutet so viel wie Immertau und weist auf meine häufig scheinbar mit Tautropfen benetzten Blättern hin.

We are family

Ich bin richtig stolz darauf, der edlen Familie der Rosengewächse, botanisch *Rosaceae*, anzugehören. Im Gegensatz zu meinen wehrhaften Verwandten, wie Rose oder Schlehe, habe ich weder Stacheln noch Dornen und bin dennoch eine Schutzpflanze!

Typisch für mich

Meine gestielten Blätter entfalten sich fächerförmig und erinnern damit umgedreht an einen mittelalterlichen Umhang. Sie sind rundlich bis nierenförmig, gelappt, und entwickeln sich aus meinem kräftigen, verholzenden, behaarten Wurzelstock. Meine Blütenstände tragen von Mai bis September viele kleine Rispen mit winzigen, gelbgrünen unscheinbaren Einzelblüten. Aus ihnen bilde ich ab September einsamige Nüsschen. Diese bleiben im Kelchbecher bis dieser verwittert.

Ich kann etwas Besonderes! Über meine Wurzeln drücke ich nährstoffreiches Wasser nach oben zu kleinen Spaltöffnungen (Hydathoden) an meinen Blatträndern. Dort bilden sich silbrig reine Tropfen, man nennt sie Guttationstropfen. Sie garantieren meinen permanenten Nährstoffnachschub trotz allgemeiner Wassersättigung. Die Tropfen perlen in den Blattgrund, wenn sie nicht gleich verdunsten, und bilden dort einen zauberhaft spiegelnden See.

Eine Legende besagt, die Alchemisten hätten versucht, mit diesen wunderschönen, glasklaren Tröpfchen Gold herzustellen. Dies hat zwar nicht funktioniert, aber mir meinen botanischen Namen beschert.

Lotoseffekt

Die Blätter der Indischen Lotosblume sind stets sauber, da sie durch ihren mikro- und nanoskopischen Aufbau wasser- und schmutzabweisend sind. Ähnlich verhält es sich beim fein behaarten Blatt des Frauenmantels. Die Guttations- und Tautropfen kullern in den trichterförmigen Blattgrund und transportieren die Schmutzpartikel ab. So wird die Fotosyntheseleistung der Pflanze nicht durch Schmutz auf der Oberfläche geschmälert und die Ansiedlung von Mikroorganismen, Pilzsporen und Algen wird erschwert.

Zauberhafte Perlen: Guttationströpfchen am Frauenmantel

Hier wachse ich besonders gerne

Besonders anspruchsvoll bin ich nicht. Bei guter Wasserversorgung und genügend Licht fühle ich mich wohl und breite mich aus. Ich wachse in Wiesen, an Weg- und Waldrändern, in Gräben und Gärten. Meine Frauenmantel-Verwandtschaft ist weltweit verbreitet.

Das steckt in mir

Meine Inhaltsstoffe sind wirklich sehr wertvoll. Ich enthalte zusammenziehende Gerbstoffe, stoffwechselaktivierende Bitterstoffe, zellschützende Flavonoide, ätherisches Öl, Phytosterine, Glykoside, Saponine und Calciumoxalat.

Dabei helfe ich dir

Vor allem in der alternativen Frauenheilkunde habe ich Tradition. Meine sogenannten Phytohormone ähneln dem weiblichen Sexualhormon Progesteron. Du kannst mich getrost in jede Frauentee-Mischung geben. Mein Tee wirkt entkrampfend auf die Gebärmutter, hilft bei Menstruationsbeschwerden, bei prämenstruellen Störungen und Beschwerden in den Wechseljahren. Nach einer Geburt fördere ich die Milchbildung. Ich helfe dir bei leichten Durchfallerkrankungen und Blähungen. Meine Inhaltsstoffe wirken zell- und gefäßschützend sowie positiv auf dein Nervensystem. Äußerlich kann ich dir in einem Sitzbad bei Weißfluss, eitrigen Furunkeln, Ekzemen und Geschwüren von Nutzen sein.

Let's talk about sex

Ich und die meisten meiner Artgenossen bilden unsere Samen ohne Befruchtungshelfer, die Fachleute nennen dies Agamospermie. Meine ungeschlechtliche Fortpflanzung erinnert an die Unbefleckte Empfängnis. Womöglich wurde ich auch deswegen zur Marienpflanze erhoben.

Spielzeug aus nichts als dem, was die Natur hergibt

Püppchenpflanze

Unsere Kräuterkollegin Ulli hat als Kind mit Frauenmantel Püppchen gespielt. Den Stängel hielt sie mit ihrer kleinen Kinderhand fest umgriffen. Das schützende Mantelblatt darüber bildete das Kleidchen, die Blüte obendrauf war das Köpfchen der Puppe.

Achtung, Verwechslungsgefahr

Verwechseln kannst du mich eigentlich nur mit meinen direkten Verwandten, wie z.B. dem Alpen-Frauenmantel *(Alchemilla alpina)*, der auch Silbermantel genannt wird. Ihm schreibt man eine noch höhere Heilkraft zu als mir. In der Natur findest du ihn in über 1000 m Höhe. Er ist aber im Bestand gefährdet, du solltest ihn also nicht pflücken. In Gärten wächst vor allem der Weiche Frauenmantel *(Alchemilla mollis)*. Er ist dicht behaart, hat größere, weichere Blätter und üppigere Blütenstände, aber weniger Heilkräfte. Als Küchen- und Teekraut kannst du ihn jedoch nutzen.

Weicher Frauenmantel

Alpen-Frauenmantel

Pflück mich

Meine frischen, jungen, zarten Blätter eignen sich hervorragend für die Verwendung in der Küche. Ich schmecke leicht säuerlich-herb, etwas nach Kohlrabi und passe daher gut in Salate, Frischkäse, Suppen und Gemüsegerichte. Ich mache mich auch gut in Blumensträußen. Für die Vorratshaltung erntest du Blätter und Blüten zum Trocknen bei gutem Wetter in der Mittagszeit, wenn alle Tautropfen verdunstet sind.

Bauernregel

„Wenn der Frauenmantel schwitzt, bald Regen uns im Nacken sitzt."

Gartentipp

Als Allrounder sollte der Weiche Frauenmantel *(Alchemilla mollis)* in keinem Garten fehlen. Er besticht durch seinen herausragenden Blattschmuck in jedem Staudenbeet. Dazu ist er eine unkomplizierte Blühpflanze, die sich sogar mit einem beherzten Rückschnitt nach der ersten Blüte Anfang Juli zu einer zweiten Blüte überreden lässt. Er liebt humose, feuchte Böden, an halbschattigen Standorten. Im Frühjahr oder Herbst ist es ein Leichtes, die Pflanze durch Teilung des Wurzelstocks zu vermehren und zu verschenken.

Was du sonst noch über mich wissen solltest

Astrologisch werde ich der Venus zugeordnet. Im Volksmund nennt man mich die Allesheilerin. Die Form meines Blattes, die an einen behütenden Mantel erinnert, ist ein Symbol für den Schutz gegen negative Einflüsse. Ich sammle und zentriere die Vitalkraft, unterstütze die weiblichen Seelenkräfte und begünstige die Fähigkeit zur mütterlichen Fürsorge. So wurde ich auch zu einer Marienpflanze, das heißt einer Pflanze, die mit der Mutter Jesu in Verbindung gebracht wird.

Das hättest du nicht von mir gedacht

Ich bin eine märchenhafte Pflanze. In mir leben verborgene Naturgeister. Baum- und Blumenelfen waschen sich mit dem Tau, der morgens auf meinen Blättern glitzert und funkelt. Junge Mädchen betupften sich früher gerne das Gesicht mit meinen Guttationstropfen, in der Hoffnung, ihre Sommersprossen zu vertreiben und ihre klare Schönheit für immer zu bewahren.

Was andere über mich sagen

Tabernaemontanus war ein deutscher Arzt und Apotheker sowie Professor für Medizin und Botanik. 1588 veröffentlichte er das „Neuw Kreuterbuch", das ihn berühmt und zu einem der wichtigsten Botaniker des 16. Jahrhunderts machte. Er empfahl mich zur äußerlichen Anwendung bei „langen hangenden Dutten" als Auflage zur Bruststraffung. Eine Waschung der „heimlichen Örter der Weiber" mit meinen Guttationstropfen sollte diese „Örter" zusammenziehen, als wenn sie wieder Jungfrauen wären. Ob das wohl funktioniert hat?

„Das Kräutlein treibt ein rundes Blatt
Wie keines ringsherum es hat.
Mit zierlich eingekerbtem Rand
Ist für den Tau es angespannt,
Recht als ein Schälchen hingestellt,
in welches Perl' auf Perle fällt.
So hebt es auf des Himmels Tau,
der niedersinkt auf Flur und Au'.
Manch Elflein gegen Morgen kommt,
das dürstet, dem zu trinken frommt,
Schöpft aus dem Schüsselchen und spricht:
Ein bessres Labsal gibt es nicht."
(Johannes Trojan, 1837–1915)

FRAUENTROST-QUICHE

Frauenmantel-Feigen-Quiche

DAS BRAUCHST DU:

Für den Teig

300 g Mehl
150 g Butter, weich
1 TL Salz
1 Prise Paprikapulver
4–5 EL Wasser

Für den Belag

100 g Frauenmantelblätter
150 g Ziegen-Feta
4 Feigen, reif
2 Eier
200 ml Sahne
1 TL Honig
etwas Kräutersalz
1 Prise Pfeffer

SO GEHT'S:

Das Mehl mit Butter, Salz, Paprikapulver und Wasser zu einem Mürbeteig verkneten. Ungefähr 1 Stunde im Kühlschrank ruhen lassen.
Den Frauenmantel in dünne Streifen schneiden, den Ziegen-Feta fein würfeln und die Feigen vierteln. Die Eier mit Sahne, Honig, Kräutersalz und Pfeffer verquirlen.
Den Teig rund ausrollen und eine große Tarteform damit auslegen. Den Teig mit Ziegen-Feta, Frauenmantel und Feigen belegen. Zum Schluss das Eier-Sahne-Gemisch darauf verteilen. Im Backofen bei Umluft bei 180 °C Umluft in etwa 30 Minuten goldbraun backen.

Klingt auf Französisch magnifique: Quiche alchémille

SPEISE DER VENUS

Frauenmantel-Frischkäse

Ein Augen- und Gaumenschmaus: die Speise der Venus

DAS BRAUCHST DU:

1 Handvoll junger Frauenmantelblätter
4 Aprikosen, reif und weich oder 4 TL Aprikosenmarmelade
200 g Frischkäse
100 g Schmand (alternativ: Crème fraîche)
1–2 EL Sahne
1 Prise Salz
frisch gemahlener Pfeffer
gemahlene Kurkuma
Zitronensaft

SO GEHT'S:

Die Frauenmantelblätter und die Aprikosen waschen und fein schneiden. Den Frischkäse mit dem Schmand und der Sahne verrühren. Mit Salz, Gewürzen und Zitronensaft abschmecken. Zuletzt die Frauenmantelblätter und die Aprikosen unterrühren. Etwas durchziehen lassen.

Das i-Tüpferl:
Die Speise der Venus eignet sich hervorragend zum Füllen von schiffchenförmigen Chicoréeblättern.

Wildes „Soulfood" beim G8-Gipfel

Es ist ein Freitag Ende Januar. Draußen herrscht klirrende Kälte, tiefster Winter.

9:30 Uhr: Wir acht Kräuterkennerinnen treffen uns bei mir zu Hause zum Texten des Frauenmantelporträts. In der Küche steht ein irres Buffet mit „wildem Grünzeug" für die Mittagspause. Aki, Angela, Brigitte, Hilde, Jeanette, Moni, Ulli und ich, jede hat was Tolles vorbereitet. Wir nennen es „Soulfood".

11:00 Uhr: 3 l Kräutertee und sechs Cappuccinos später, unsere Köpfe rauchen, die Wangen haben Farbe bekommen.

12:00 Uhr: Das kleine Schälchen mit Knabberzeug ist längst leer, die Teekannen auch, unsere Gesichter glühen, die Gemüter sind erhitzt; Moni hackt auf ihren Laptop ein, als gelte es, daraus Kleinholz zu machen.

12:30 Uhr: Wir acht Kräuterfrauen sind kaum wiederzuerkennen. Im Wohnzimmer tagt der G-8-Gipfel! Die Atmosphäre hat eindeutig explosives Potenzial. Die Formulierungen zu den Texten rund um das Thema Guttation spalten die „Nationen". Die Situation steht kurz vor der Eskalation!

12:45 Uhr: Mein Mann kommt nach Hause, überblickt schnell die brenzlige Lage, murmelt so was wie „Ich geh dann mal lieber im Schuppen die Schneeschaufel ölen" – und weg ist er. Vergebens versucht er, im Schuppen Kontakt zu einem UN-Friedensbotschafter herzustellen.

13:00 Uhr: Mittagspause des Kräuterkollektivs mit Wildkräuterbuffet.

16:00 Uhr: Halb erfroren und aufs Schlimmste gefasst schleicht sich mein Mann wieder ins Haus. Dort drücken und küssen sich acht erschöpfte, aber glücklich lächelnde Kräuterfrauen zum Abschied und loben sich gegenseitig für ihren Teamgeist und die produktive Arbeit! Mein Mann ist sprachlos. Wir wissen: Es lag am wilden „Soulfood".

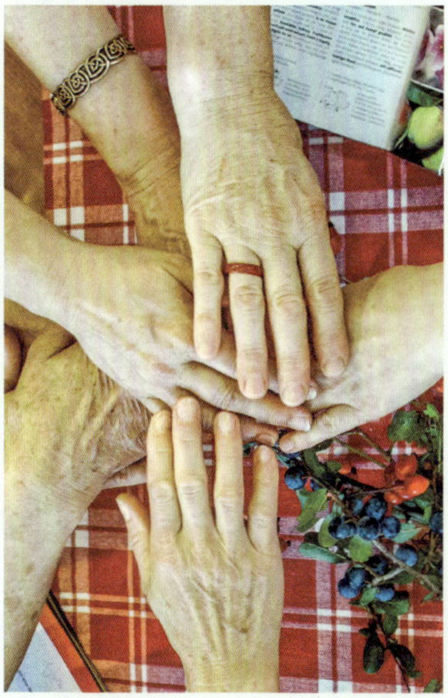

Alle für eine und eine für alle!

ALCHEMILLA TRIFFT TORTILLA

Frauenmantel-Tortilla

DAS BRAUCHST DU:

800 g Kartoffeln, festkochend oder vorwiegend festkochend
Bratöl oder Butterschmalz
Salz
Pfeffer, frisch gemahlen
3 Handvoll junger Frauenmantelblätter
2–3 Frühlingszwiebeln
1 Knoblauchzehe
nach Belieben 1 rote Chilischote
8 Eier

SO GEHT'S:

Kartoffeln garkochen, abschrecken, schälen und in Scheiben schneiden. Die Kartoffelscheiben in 2 EL Öl in einer Pfanne leicht bräunen. Mit Salz und Pfeffer würzen, herausnehmen und beiseitestellen.

Frauenmantelblätter, Frühlingszwiebeln, Knoblauch und evtl. Chilischote fein schneiden, mit etwas Öl in die Pfanne geben und bei mittlerer Hitze ca. 5 Minuten dünsten. Herausnehmen und abkühlen lassen.

Die Eier verquirlen, mit Salz und Pfeffer würzen und mit allen anderen Zutaten in einer Schüssel vermischen.

Öl oder Butterschmalz in einer hohen Pfanne erhitzen. Die vorbereitete Eier-Mischung hineingeben. Kurz bei starker Hitze anbraten, danach Temperatur reduzieren und zugedeckt 6–8 Minuten stocken lassen. Tortilla mithilfe eines großen Tellers flott wenden und wieder in die Pfanne gleiten lassen. Weitere 6–8 Minuten bei geschlossenem Deckel fertig garen. Wenn die Tortilla bei einem sanften Fingerdruck auf die Mitte nicht mehr nachgibt und sich fest anfühlt, ist sie fertig.

Da kommt sich der Frauenmantel spanisch vor

MOLLIGE RÖLLCHEN

Frauenmantel-Rouladen

DAS BRAUCHST DU:

Für die Hüllen

20 Frauenmantelblätter, zart und mittelgroß
1 EL Zitronensaft
Salz

Für die Füllung

1 Zwiebel, fein gehackt
1 Knoblauchzehe, gepresst
etwas Butter
250 ml Gemüsebrühe
80 g Grünkern, grob geschrotet
80 g Haferflocken
1 TL Kräutersalz
1 TL Zitronensaft
1 TL Senf, mittelscharf
1/2 TL Majoran, gerebelt
1/4 TL Paprikapulver, scharf
1 TL Minze, getrocknet und gerebelt

Weicher Wildkräuter-Wrap – fast schon griechisch

SO GEHT'S:

Frauenmantelblätter waschen, Zitronensaft in kochendes Salzwasser geben. Die Blätter nacheinander etwa 2 Minuten blanchieren und mit einer Schaumkelle aus dem Wasser heben. Auf einem Küchentuch flächig mit der Blattoberseite nach unten auslegen.

Für die Füllung Zwiebel und Knoblauch in Butter andünsten, mit der Gemüsebrühe aufgießen und den Grünkernschrot unterrühren. Auf kleiner Flamme ca. 5 Minuten kochen lassen, dabei öfter umrühren. Von der Herdplatte nehmen, die Haferflocken untermischen und mit dem Rest der Zutaten pikant abschmecken.
Je nach Blattgröße 1–2 TL der Füllung auf eine Frauenmantelblatt streichen, das Blatt eng aufrollen und auf einer Platte anrichten.

Das i-Tüpferl:
Nimm für dieses Rezept den Weichen Frauenmantel (Alchemilla mollis).

GEHEIMNIS DER FRAU

Aphrodisierender Frauenmantel-Bitterlikör

Der leuchtend rote Bitterlikör eignet sich als Aperitif und zum Mischen mit leichtem Weißwein, Sekt oder Mineralwasser. Die fruchtig-herbe Komposition wirkt durch die Bitterstoffe und das Koffein von Damiana anregend und aphrodisierend. Der Frauenmantel kräftigt und schützt.

DAS BRAUCHST DU:

3–4 EL Frauenmantel, getrocknet oder 6–8 EL Frauenmantel, frisch und feingeschnitten
1–2 EL Schafgarbenblüten, getrocknet oder frisch
1 EL Damiana (Turnera diffusa), getrocknet*
300–400 g Himbeeren
170 g Honig
ca. 300 ml Trinkalkohol 96 Vol.-% (z.B. Weingeist)
etwa 600 ml Wasser
1 Vanilleschote
Saft von einer 1/2 Zitrone
1 kleiner Rosmarinzweig

–

**Damiana ist ein Safranmalvengewächs, das vorwiegend in Mittelamerika wächst und verwendet wird. Getrocknet bekommst du es in gut sortierten Kräuterläden zu kaufen.*

SO GEHT'S:

Frauenmantel, Schafgarbenblüten und Damiana zerkleinern, die Himbeeren säubern. Den Honig mit den Kräutern vermengen, mit Alkohol und Wasser auffüllen, anschließend umrühren. Die Himbeeren in ein ausreichend großes Glas mit weiter Einfüllöffnung schichten und mit dem Kräuter-Honig-Alkohol-Gemisch übergießen. Die Vanilleschote anritzen. Vanille, Zitronensaft und Rosmarin zufügen. Alles vermischen und das Gefäß verschließen. Bei Zimmertemperatur 3–4 Wochen ziehen lassen, dabei gelegentlich schwenken.
Die Mischung nach dieser Zeit durch einen Papierfilter oder ein mit einem dünnen Baumwolltuch ausgelegtes Sieb abseihen. Mit Honig und Zitrone abschmecken, 8 Tage ruhen lassen. In eine schöne Glasflasche oder Karaffe umfüllen.

Eine „bitter-sweet symphony" ist dieser spezielle Frauenlikör

MARIAS FRAUENTRÖSTER

Frauenmantel-Tee

In der Volksheilkunde wird empfohlen, bei Magen-Darm-Beschwerden, leichtem Durchfall oder Blähungen 3 Tassen täglich zu trinken. Um bei Menstruationsbeschwerden die krampflösende Wirkung zu erhöhen, kannst du den Tee zu gleichen Teilen mit Schafgarbe und Gänsefingerkraut mischen.

DAS BRAUCHST DU:

2 TL Frauenmantelkraut, getrocknet
250 ml Wasser

SO GEHT'S:

Das Wasser aufkochen und das Frauenmantelkraut damit übergießen. 10 Minuten ziehen lassen, danach abseihen.

Alternative:
Frische Kräuter sind getrockneten grundsätzlich vorzuziehen. Verwendest du frischen Frauenmantel, nimmst du etwa 2 EL pro Tasse und reduzierst die Ziehzeit auf 5 Minuten.

SCHUTZMANTEL-ÖL

Frauenmantel-Öl gegen Schwangerschaftsstreifen

DAS BRAUCHST DU:

50 g Frauenmantelkraut
einige Duftrosen-Blütenblätter
200 ml Mandelöl
100 ml Olivenöl

SO GEHT'S:

Frauenmantel und Rosenblätter trocken in sehr feine Streifen schneiden und in ein Schraubglas füllen. Mit den Ölen aufgießen und an einen hellen Platz stellen. Regelmäßig schütteln, damit alle Blätter immer gut mit Öl bedeckt sind. Das Kraut nach etwa 2 Wochen abseihen und das Öl in ein hübsches Fläschchen abfüllen.

Gehaltvolle Pflege für die werdende Mutter

Den Babybauch regelmäßig und liebevoll einmassieren, um die Haut weich und dehnbar zu machen und Schwangerschaftsstreifen entgegenzuwirken.

HEISSE HÜLLE

Heiße Kompresse mit Frauenmantel-Tee

Oft pocht und brummt der Kopf als Folge von Flüssigkeitsmangel und Verspannungen. Ausreichend trinken und Lockerungsübungen für Schulter und Nacken bringen meist schon Linderung. Noch wirkungsvoller entspannst du dich mit einer heißen Kompresse mit Frauenmantel-Tee.

SO GEHT'S:

Ein Handtuch in heißen Frauenmantel-Tee (siehe Seite 49) tauchen, auswringen und Temperatur prüfen. Aufrecht hinsetzen, die Kompresse in den Nacken legen und die Augen schließen. Arme locker hängen lassen. Fühle dich wie von einem warmen Mantel umhüllt!

BALANCE-TROPFEN

Frauenmantel-Tinktur

Wirkt vorbeugend bei Menstruationsbeschwerden!

DAS BRAUCHST DU:

2 Handvoll Frauenmantel, frisch und blühend
Trinkalkohol mit 60 Vol.-% (Menge je nach Größe des Schraubdeckelglases)
1 Schraubdeckelglas
1 Tropfflasche

SO GEHT'S:

Frauenmantelkraut und -blüten behutsam reinigen und trocken tupfen. Mit etwas Alkohol im Mörser zerreiben. Ein sauberes, weithalsiges Schraubgefäß zu 2/3 mit dem Kraut füllen, anschließend mit dem Alkohol auffüllen. Das Gefäß verschließen und darauf achten, dass alle Pflanzenteile gut mit Alkohol bedeckt sind. Etwa 6 Wochen bei Zimmertemperatur ziehen lassen, währenddessen täglich schütteln. Die Tinktur danach abfiltern und in eine dunkle Flasche füllen.
In der Volksheilkunde wird empfohlen, dreimal täglich 3–4 Tropfen mit etwas Wasser einzunehmen, beginnend während der zweiten Zyklushälfte, etwa 10–14 Tage vor der Menstruation.

Alternative:
Die Tinktur kann auch als Zutat für eine straffende Frauenmantel-Hautcreme verwendet werden. Du kannst hierfür das Cremerezept aus dem Kapitel Schafgarbe (siehe Seite 153) verwenden und die Schafgarbe durch Frauenmantel ersetzen.

IMMERTAU-PFLEGE

Wohltuende Frauenmantel-Gesichtsmaske

Das Frauenmantelkraut hat eine straffende Wirkung und pflegt unreine und großporige Haut. Heilerde und Joghurt haben ebenfalls positive Auswirkungen auf das Hautbild.

DAS BRAUCHST DU:

5 Blätter Frauenmantel
1 EL Joghurt
1 TL Heilerde

SO GEHT'S:

Frauenmantel im Mörser zerkleinern, mit Joghurt und Heilerde zu einer cremigen Masse verrühren. Eine dünne Schicht im Gesicht auftragen, dabei die Augen und den Mund aussparen. 15 Minuten einwirken lassen und anschließend mit lauwarmem Wasser abspülen.

Ein echter Schönheitsmantel, der Frauenmantel

Angela Maier

Der Werdegang

In einer ländlich geprägten Gegend in Rheinland-Pfalz aufgewachsen, fühlte ich mich schon immer der Natur verbunden. Als junges Mädchen wollte ich sogar Bäuerin werden. Es kam natürlich anders: raus aus der Natur, rein in die Welt der Zahlen als Bankkauffrau. Was auch bedeutete, mit Anfang 20 vom Land in die Großstadt München zu ziehen. Im Laufe meiner beruflichen Tätigkeit arbeitete ich viele Jahre bei verschiedenen Großbanken. Meine Naturverbundenheit und meine kreativen Seiten konnte ich nur in meiner Freizeit ausleben. Ich habe mich hobbymäßig mit Fotografie, Tanz, Gesang und Malerei beschäftigt und war sehr viel in den Bergen unterwegs. So viele, interessante Pflanzen entdeckte ich dabei am Wegesrand und hatte keine Ahnung, wie sie heißen. Aber natürlich wollte ich unbedingt mehr wissen.

Der „Aha-Moment"

Bei Recherchen im Internet entdeckte ich 2013 eine Seite, auf der die Ausbildung zur Kräuterpädagogin angeboten wurde. Dies war ein großer „Aha-Moment". Ich wusste sofort, dass ich das unbedingt machen will. Gesagt, getan! Ich meldete mich gleich an und legte im April 2014 die Prüfung zur zertifizierten Kräuterpädagogin ab. Seitdem bin ich mit noch mehr Begeisterung in der Natur unterwegs und freue mich, dass ich die meisten Wildpflanzen in Wald, Wiese und am Wegesrand nun endlich kenne, ihre Namen, ihre Wirkung, ihre Verwendung. Auch beim Kochen und Backen macht es mir viel

Spaß, mit gesunden Wildkräutern zu experimentieren.
Mein altes Hobby, das Fotografieren, habe ich wieder neu entdeckt. Auf meinen Exkursionen mit Kamera und Makro-Objektiv ausgestattet, macht es mir große Freude, die filigrane Schönheit von Blüten und Pflanzen ganz nah festzuhalten. Durch den Eingriff des Menschen ist die Vielfalt der Natur zunehmend gefährdet. Viele Pflanzen sind bereits vom Aussterben bedroht. Deshalb finde ich es sehr wichtig, das alte Wissen um Wildpflanzen, ihre Verwendung und ihre Heilwirkung zu bewahren und weiterzugeben. Schau einfach mal auf meine Website: *www.wildkräuteria.de*

Mein Lebensmotto:
„Lerne von den Bäumen Charakter, von Blättern die Veränderung, von Blüten die vergängliche Schönheit des Augenblicks und von Wurzeln die Werte."

„Bewaffnet" mit meiner Kamera streife ich gern draußen herum

Im Kollektiv hatte ich eine tolle Zeit

Unser Buchprojekt

Bei einem Volkshochschulkurs über Kochen mit Rosen lernte ich Monika Engelmann kennen. Sie lud mich zum Kräuterpädagogen-Stammtisch ein. Dort entstand die Idee, mit sieben anderen Kräuterpädagoginnen ein Buch über Wildpflanzen zu schreiben. Ich war sofort mit Begeisterung dabei. Die Arbeit an diesem Buch in den letzten drei Jahren war für mich spannend und sehr lehrreich. Wir haben voneinander gelernt, uns gegenseitig inspiriert und befeuert, uns mit Schwierigkeiten auseinandergesetzt und viel diskutiert.

Giersch

Wilder Frechdachs

Ich bin eines der ältesten und bekanntesten Wildgemüse. Von meinem Duft läuft dir das Wasser im Munde zusammen. Ich verfeinere deine Gerichte. Fast das ganze Jahr bin ich für dich da und lasse mich nicht unterkriegen! Ich bin eine Resilienzpflanze und wachse einfach immer wieder nach!

So heiße ich

Hallo, ich bin der Giersch! Fachleute gaben mir den Namen *Aegopodium podagraria* L. Dieser leitet sich von den griechischen Wörtern „aigeos“ für Ziegen und „pous“ oder „podos“ für Fuß ab. „Podagra“ steht für die Gichterkrankung. Und das alles nur, weil das Ende meines Blattstängels einem Ziegenfuß ähnelt und ich dir bei schmerzhafter Gicht hilfreich zur Seite stehe ...

Meine Spitznamen

Es fasziniert mich, was den Menschen alles so an Namen für mich einfällt. Eine kleine Kostprobe gefällig? Geißfuß, Hinfuß, Erdholler, Wiesenholler, Dreiblatt, Zipperleinkraut, Podagrakraut und was weiß ich noch alles. Meine englischen Namen „bishops weed“ oder „ground elder“ finde ich richtig cool. Die Franzosen nennen mich „égopode des goutteux“, also den Ziegenfuß der Gicht. Das klingt auf Französisch doch gleich viel vornehmer.

We are family

Ich komme aus der großen Familie der Doldenblütler, *Apiaceae*. Auf den ersten Blick ähneln wir uns alle sehr. Also schau genau hin bei uns! Denn einige meiner Verwandten sind sehr nett und für die Menschen nützlich oder sogar genießbar. Beispielsweise der herzhafte Sellerie, die aromatische Petersilie oder meine wilden Geschwister: der frische Wiesenkerbel, der würzige Wiesenkümmel und die wunderschöne Wilde Möhre. Aber hüte dich vor meinen giftigen Familienmitgliedern, wie Schierling, Hundspetersilie und Taumel-Kälberkropf. Diese und noch ein paar andere haben es in sich und sind nicht gut für dich.

Typisch für mich

Du fragst dich, wie du mich erkennst, wenn ich noch jung und ohne Blüten bin? Ganz einfach: Ich habe einen innigen Bezug zu der magischen Zahl Drei.

„Drei, drei, drei – bist beim Giersch dabei!“

Mein Stängel ist dreikantig, das kannst du ganz deutlich fühlen. Meine gefiederten Blätter haben drei Teile, sind noch einmal dreigeteilt und bilden ein Kreuz miteinander.

Allerdings ist mein Blütenstängel rund. Um dich zu vergewissern, dass ich es bin, ziehe einen Blattstängel aus der Erde und schau nach, ob sich auch ein „Geißfüßchen“ am Ende befindet. Ich wachse bis 50 cm hoch – wenn ich mich anstrenge und nicht vorher von dir ausgerupft werde, kann ich sogar 1 m groß werden. Außerdem rieche ich wirklich gut, nach einer Mischung aus Möhre und Petersilie. Von Juni bis August kannst du meine Doppeldolden bewundern, die aus vielen zierlichen, weißen Einzelblüten bestehen. Wie kleine Wölkchen leuchten meine hellen Blüten unter schattigen Hecken hervor. Im Herbst entwickle ich köstliche, aromatisch schmeckende Samen.

Zeigt her eure Füßchen

Im Frühling komme ich als einer der ersten hervor

Hier wachse ich besonders gerne

Ich liebe einen frischen, nährstoffreichen und tiefgründigen Boden. Am besten wachse ich im Halbschatten unter Gehölzen. Gräben, Bach- und Flussränder sowie feuchte Gebüsche in Auwäldern finde ich auch toll. Mit meinen unterirdischen weißen Ausläufern breite ich mich sehr gerne in Gärten aus, das gefällt nicht jedem. Liebhaber sehr gepflegter Ziergärten können mich daher überhaupt nicht leiden und versuchen mich permanent auszurotten. Für sie bin ich ein unsäglicher Schrecken im Garten. Sie interessieren sich eben einfach nicht für meine wahren Werte. Aber so leicht lasse ich mich nicht unterkriegen. Ich bin nämlich supervital!

Im Sommer blühe ich mit feinwürzigem Duft

Das steckt in mir

Ich enthalte viel Provitamin A, vor allem Carotinoide, die als natürliche Radikalfänger wirken und in deinem Körper teilweise in Vitamin A umgewandelt werden. Außerdem bin ich reich an Vitamin C, Kalium, ätherischen Ölen, Phenolcarbonsäuren, Harzen und vielem mehr.

Dabei helfe ich dir

Man sagt mir nach, dass ich mild harntreibend, krampflösend, entzündungshemmend und entsäuernd wirke. Probier' es doch einfach mal aus! Früher galt ich als **das** Heilmittel gegen Gicht. Du kannst mit mir eine mehrtägige Frühjahrskur machen, mit innerlichen und äußerlichen Anwendungen. Das regt deinen Stoffwechsel an und unterstützt deinen Organismus beim Entsäuern.

Giersch – das Zipperleinkraut

Was hast du denn für ein Zipperlein? Zipperlein ist der alte Name für einen akuten Gichtanfall und umschreibt, leicht spöttelnd, den tippelnden Gang eines Erkrankten. Heutzutage wird der Begriff umgangssprchlich für Gebrechen im Allgemeinen verwendet.

Der Giersch

„Den meisten ist er seiner Wuchskraft dank – nicht angenehm,
ein Unhold, der oft wohnt im Gartenland.
Der Giersch, wer hätte das gedacht, ist angefüllt mit allerhand.
Vorbei die Zeit, wo man den Vitaminen im Frühjahr hinterhergeeilt.
Ganz nah am Haus und ohne Hege steht er bereit, uns zu beleben.
Wenn nur ein Fünkchen seiner Kraft
in uns sich ausdehnt und entspannt, so können wir in Ruhe leben
und doch sagen – der bringt Segen!"
(Hildegard Riedmair)

Junger Holunder: ähnlich, aber ungenießbar

Achtung, Verwechslungsgefahr!

Bevor ich blühe, sehen mir junge Sprösslinge des Schwarzen Holunders ein wenig ähnlich. Allerdings besitzt der Holunder keine dreigeteilten Blätter und auch keine weißen, unterirdischen Ausläufer, zudem riecht er alles andere als gut. Du könntest meine Blätter auch mit denen der jungen Wald-Engelwurz verwechseln. Bitte denke bei der Ernte unbedingt an die Verwechslungsgefahr mit meinen giftigen Verwandten! Beziehe bei der Bestimmung mehrere Merkmale ein. Manchmal sind wir Doldenblütler nicht sofort zweifelsfrei zu identifizieren. Lass dich bitte nicht entmutigen und beobachte uns über die gesamte Vegetationsperiode. Achte genau auf Stängel, Blatt, Blüte, Samen, gegebenenfalls Wurzel und Geruch. Spätestens im nächsten Jahr weißt du dann genau, wen du vor dir hast!

Pflück mich

Am besten schmecken meine zarten, noch zusammengefalteten, hellgrün glänzenden, ersten Blattaustriebe. Hauptsaison habe ich deshalb in der Zeit von März bis April. Erntest du mich regelmäßig, kannst du meine jungen Blätter fast das ganze Jahr über pflücken. Ich wachse ja schnell wieder nach. Meine ausgewachsenen Blätter haben ein kräftigeres Aroma. Sie bereichern Gemüsegerichte mit einem überraschend guten Geschmack – einfach mal probieren! Ab Juni erfreuen meine Blüten nicht nur dein Auge, sondern auch deine Gäste. Sie sind in der Küche als würzige Zutat für Salate, Gemüse, Butter, Eierspeisen oder einfach nur als hübsche Garnitur einsetzbar. Mit meinen älteren Blättern, Stängeln und Blüten kannst du köstliche Wiesenlimonaden aromatisieren.

Probiere meine frischen, noch grünen Samen einmal als Brotgewürz

☆ Freie Fahrt für freie Pflanzen

Hey, ich bin ein Hemikryptophyt. Klingt spannend, oder? Das Wort bedeutet in etwa halb verborgene Pflanze. Ich bevorzuge noch dazu weitgehend die vegetative Vermehrung, also die ohne Befruchtung, indem ich mit meinen unterirdischen Ausläufern tief und weithin krieche. So sind mir keine Grenzen gesetzt. Ich kann mich immer und jederzeit ausbreiten. Spezielle Strategien für meine Nachkommen brauche ich daher auch nicht. Samen bilde ich schon auch noch, aber ich brauche sie nicht zwingend. Diese Unabhängigkeit gefällt mir.

Mit Giersch räuchern

So wie der Giersch sich ausbreitet, vital und unermüdlich weiterwächst, so ermuntert uns die Räucherung seiner getrockneten Blüten und Blätter im übertragenen Sinne, Neuland zu betreten. Er ermutigt uns, alte Strukturen zu überprüfen und gegebenenfalls zu überwinden oder loszulassen. Sollte dich das Gefühl überkommen, es gehe nicht weiter, so erfrischt dich eine Giersch-Räucherung. Feinfühlige Menschen empfinden den Rauch als energiespendend. Das Wesen der Pflanze gibt uns Impulse, neue Horizonte zu entdecken und voranzuschreiten. Das Wuchsverhalten des Gierschs lässt uns erahnen, was mit Wiedergeburt oder Unsterblichkeit gemeint sein könnte.

Ich bin Popeyes neuer Liebling

Was du sonst noch über mich wissen solltest

Ich bin ein wirklich toller Spinatersatz und schmecke viel pikanter und gehaltvoller als dieser. Außer ein bisschen Mühe beim Pflücken koste ich nichts! Bei Mücken- und Insektenstichen leiste ich Erste Hilfe: Zerreibe meine Blätter, bis der Saft austritt und bedecke mit dem Pflanzenbrei die Einstichstelle. Das kühlt gut und lindert den Juckreiz.

Das hättest du nicht von mir gedacht

In mittelalterlichen Klostergärten hatte ich meinen festen Platz. Aufgrund meiner Heilwirkung war ich sehr wertvoll für die Klostergemeinschaft, allerdings irritierte sie meine ungezügelte Fruchtbarkeit.

Was andere über mich sagen

Noch heute macht man die römischen Legionäre dafür verantwortlich, dass sie mich über die Alpen brachten und ich so lebendig in deinem Garten wuchere.

Urban Giersch-Gardening

Keinen Garten? Kultiviere doch den frechen Giersch in einem ausreichend großen und tiefen Pflanzgefäß für die täglich frische Ernte auf dem Balkon oder am Fenster.

Alle Rezepte sind für 4 Personen, falls nicht anders angegeben

GIERSCH UND LACHS KUSCHELN IM NUDELBETT

Giersch-Lachs-Lasagne

DAS BRAUCHST DU:

Für die Béchamelsoße
1/2 l Milch
1/4 l Gemüsebrühe
50 g Butter
50 g Weizenmehl, fein gemahlen
Salz
Pfeffer, frisch gemahlen
Muskatnuss, frisch gemahlen

Für die Lasagne
400–450 g Gierschblätter, frisch
10 g Butter
2 Frühlingszwiebeln, fein geschnitten
1 Knoblauchzehe, fein gehackt
Salz
Pfeffer, frisch gemahlen
Muskatnuss, frisch gemahlen
400 g Wildlachsfilet
200 g Lasagneblätter, trocken
125 g Mozzarella, gerieben

Mmh, diese wilde Art von Lasagne musst du mal probieren!

SO GEHT'S:

Béchamelsoße:
Milch erwärmen und mit der Gemüsebrühe mischen. Die Butter zerlassen und das Mehl in der Butter andünsten. Die Milch-Gemüsebrühe-Mischung mit einem Schneebesen nach und nach unterrühren. 1–2 Minuten aufkochen lassen, dann gleich vom Herd nehmen. Mit Salz, Pfeffer und Muskatnuss würzen.

Lasagne:
Gierschblätter waschen und klein schneiden, eventuell grobe Stiele entfernen. Butter in eine Pfanne geben, Frühlingszwiebeln und Knoblauch kurz darin anschwitzen. Nun den Giersch zugeben und ca. 3 Minuten dünsten. Mit Salz, Pfeffer und Muskatnuss würzen. Etwas abkühlen lassen. Das Lachsfilet in dünne Streifen schneiden. Eine ofenfeste Form (ca. 25 x 17 cm) mit etwas Béchamelsoße ausstreichen und mit Lasagneblättern auslegen. Die Blätter mit Soße bestreichen, die Hälfte des Gierschs darauf verteilen. Darauf die Hälfte des Lachses schichten und reichlich Soße darübergeben. Die zweite Lage in gleicher Reihenfolge einschichten: Lasagneblätter, restlicher Giersch und Lachs, darüber Soße. Alles mit einer letzten Lage Nudelblätter abdecken, mit Soße bedecken und den Mozzarella darüberstreuen. Im vorgeheizten Ofen bei 200 °C bei Ober-/Unterhitze (Umluft 170 °C; Gas Stufe 3), auf der mittleren Schiene 20–25 Minuten goldbraun backen.

Alternative:
Wenn du tatsächlich keinen Giersch finden solltest, kannst du auch Brennnesseln verwenden.

Retter in der Not

Ich hatte für Sonntagmittag Freunde zum Essen eingeladen und wollte eine Lachs-Lasagne mit Spinat machen. Doch genau den hatte ich vergessen einzukaufen. Also war Plan B gefragt. Ich stand am Beginn meiner Ausbildung zur Kräuterpädagogin und hatte gerade gelernt, dass Giersch ein toller Spinatersatz sei. Wenn das nicht die Gelegenheit war, das mal live auszuprobieren!

Also, ab Richtung Wald! Giersch – jung und saftig, wohin das Auge blickte. Es war Frühjahr, und so konnte ich mich im Nu mit jeder Menge zarter Blätter eindecken. Gott sei dank, ich war gerettet!

Wieder zu Hause behandelte ich den Giersch wie frischen Spinat: waschen, klein schneiden, im heißen Topf zusammenfallen lassen. Die wilde Lasagne, die ich daraus machte, war ein echtes Geschmackserlebnis und meine Freunde waren begeistert. Also wer braucht schon Spinat, wenn er auch Giersch haben kann?

GIERSCHGEKICHER

Kichererbsen-Giersch-Eintopf

Plane einen Tag Vorbereitungszeit für das Einweichen der Kichererbsen ein!

Wärmt von innen: asiatisch kichernder Giersch

DAS BRAUCHST DU:

400 g getrocknete Kichererbsen
10 Handvoll frischer Gierschblätter
400 g Karotten
400 g Tomaten
2 mittelgroße Zwiebeln
1 Knoblauchzehe
frischer Ingwer, etwa ein 2 cm großes Stück
etwas Chili
2 EL Currypulver
2 EL Olivenöl
400 ml Kokosmilch
2 EL Rosinen
Salz, Pfeffer

SO GEHT'S:

Kichererbsen in reichlich Wasser für mindestens 12 Stunden einweichen. Abgießen und mit frischem Wasser aufsetzen und in 40 Minuten bissfest garen. Giersch waschen, gut abtropfen lassen, klein schneiden und beiseitestellen. Karotten und Tomaten in ca. 1 cm große Würfel schneiden. Zwiebeln, Knoblauch und Ingwer fein hacken. Gemeinsam mit Chili und Currypulver in Olivenöl anbraten. Mit Kokosmilch ablöschen. Tomaten, Karotten, Kichererbsen und Rosinen zugeben und köcheln lassen, bis die Karotten gar sind. Mit Salz und Pfeffer abschmecken. Den Giersch erst kurz vor dem Servieren zugeben und einmal kräftig unterrühren.

Das i-Tüpferl: Mit duftendem Basmatireis anrichten.

HEIMISCHE WÜRZKRAFT

Gesunde Suppenwürze für den Vorrat

DAS BRAUCHST DU:

1 große Handvoll Gierschkraut
1 Zwiebel
200 g Gelbe Rüben
200 g Knollensellerie
100 g Lauch
25 g Salz

SO GEHT'S:

Giersch und Gemüse grob zerkleinern und mit Salz in der Küchenmaschine mixen. Auf zwei mit Pergamentpapier ausgelegten Backblechen bei max. 40 °C trocknen, so bleibt die Rohkostqualität erhalten. Du kannst zum Trocknen auch die Wärme des Kachelofens, der Fußbodenheizung oder die Restwärme des Backofens nutzen. Nach etwa einem Tag die getrocknete Masse noch einmal für wenige Sekunden mixen und nachtrocknen lassen, bis sie rieseltrocken ist. In einem verschlossenen Glas aufbewahren. Die Streuwürze eignet sich zum Abschmecken von Suppen, Soßen und Salaten oder zur Aromatisierung des Kochwassers von Kartoffeln oder Reis.
Die Zutaten können je nach Saison und Geschmack variieren. Blüten und Früchte des Gierschs lassen sich gut mitverwenden. Ohne Zugabe von Salz erhält man eine basische Gemüsebrühe.

ROT-GRÜN UNPOLITISCH

Giersch-Paprika-Salat

DAS BRAUCHST DU:

30 g junge Gierschblätter
2 rote Paprikaschoten
2 Schalotten
Saft von 1 Zitrone
4 EL Walnussöl
Salz, Pfeffer

SO GEHT'S:

Die Gierschblätter waschen und eventuell etwas klein zupfen. Die Paprikaschoten in kleine Stücke schneiden, die Schalotten sehr fein hacken und beides unter den Giersch mischen. Aus den restlichen Zutaten ein Dressing herstellen und vor dem Servieren über den Salat geben.

Rot-Grüne Koalition

CARPACCIO VEGETARISCH WILD

Rote Bete mit Giersch-Topping

DAS BRAUCHST DU:

2 rohe Rote Bete
1 kleine rote Zwiebel
Salz, Pfeffer
Saft einer Zitrone
2-3 EL Kürbiskernöl
1 TL Gierschfrüchte, frisch oder getrocknet
ein paar Gierschblättchen

SO GEHT'S:

Rote Bete in sehr feine Scheiben hobeln und fächerartig auf einer Platte anrichten. Zwiebel in schmale Ringe schneiden und darauf verteilen. Salzen, pfeffern, mit Zitronensaft und Öl beträufeln. Gierschfrüchte im Mörser zerkleinern oder in einer Gewürzmühle mahlen und über das Carpaccio streuen. Mit zarten Gierschblättern garnieren.

Veganes Carpaccio

Carpaccio – ein Gericht wie gemalt

Carpaccio ist ursprünglich eine italienische Vorspeise aus fein aufgeschnittenem Rinderfilet, das roh mit Öl und Zitronensaft serviert wird. Benannt ist das Gericht nach dem venezianischen Maler Vittore Carpaccio (1465–1526), der für seine Gemälde mit den charakteristischen Rottönen bekannt ist.

FRECHDACHS-QUICHE

Vegetarische Wildkräuter-Quiche

DAS BRAUCHST DU FÜR EINE SPRINGFORM MIT 28 cm Ø:

Für den Mürbeteig

250 g Dinkelvollkornmehl
100 g Butter
100 ml kaltes Wasser
1 TL Salz
1 Eigelb, verquirlt

Für die Füllung

Je 4 Handvoll Giersch- und Brennnesselblätter
100 g Karotten
80 g Knollensellerie
2–3 EL Öl
1 klein gewürfelte Zwiebel
etwas Gemüsebrühe
4–5 Eier
150 g saure Sahne
Salz, Muskat, Pfeffer aus der Mühle
120 g geriebener Käse
etwas Butter

SO GEHT'S:

Aus Mehl, Butter, Wasser und dem Salz einen Mürbeteig kneten. Diesen zur Kugel formen, abgedeckt 1 Stunde im Kühlschrank ruhen lassen. 2/3 des Teigs ausrollen, in die gefettete Springform legen und aus dem restlichen Teig eine lange Rolle formen. Diese als Rand 2–3 cm hoch andrücken. Den Teig mit einer Gabel mehrmals einstechen. Mit verquirltem Eigelb bestreichen. Kühl stellen. Kräuter und Gemüse waschen und putzen. Die Karotten in kleine Würfel schneiden. Sellerie grob raffeln. Zwiebeln mit Öl in einer großen Pfanne andünsten. Kräuter, Sellerie und Karotten nach und nach dazugeben, kurz mitdünsten, gegebenenfalls etwas Gemüsebrühe zugeben. Die Eier schaumig rühren, die saure Sahne unterziehen und mit Salz, Muskat und Pfeffer würzen. Gemüsemischung gleichmäßig auf dem Teig verteilen, anschließend die Eiermasse darübergießen. Mit geriebenem Käse bestreuen, Butterflocken darauf verteilen und im vorgeheizten Backofen bei 180 °C Umluft in etwa 30 Minuten goldbraun backen. Als warmes Hauptgericht mit Blattsalat servieren.

Das i-Tüpferl:
Kalt und in mundgerechte Stücke geschnitten, bereichert die leckere Quiche jedes Buffet.

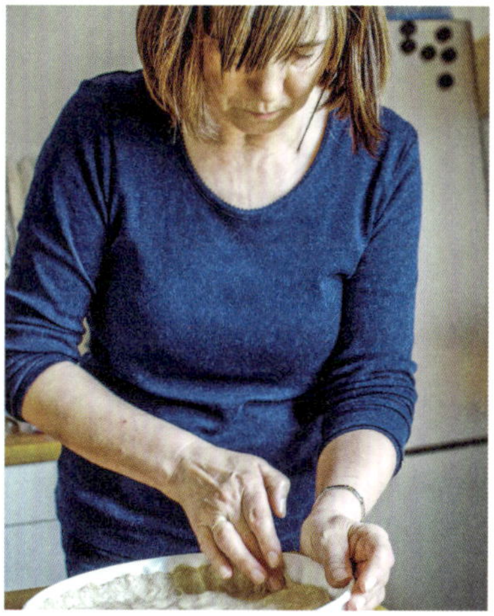

Hier siehst du, wie Brigitte die Quiche zubereitet

Volle Heilkraft voraus

Nutze die Kraft des Gierschs für dich und deine Lebensgeister

DETOX-SMOOTHIE

Erfrischendes Giersch-Mixgetränk

Gesund anstoßen: Santé!

DAS BRAUCHST DU:

2 Handvoll Gierschblätter, frisch
200 g Feldsalat, frisch
1/2 Ananas
1 Banane
250 ml Wasser

SO GEHT'S:

Giersch und Salat waschen und putzen. Die Früchte schälen und in große Stücke schneiden. Alle Zutaten in einen leistungsstarken Mixer geben und fein pürieren. Sofort getrunken enthält der Smoothie die meisten Vitalstoffe. Täglich ein Glas verhilft dir zu einem super Start in den Frühling.

Exotische Früchte und unser Planet

Exotische Früchte kommen entweder mit Flugzeugen oder Schiffen aus fernen Ländern zu uns und hinterlassen einen negativeren ökologischen Fußabdruck als einheimisches Obst. Dieses Rezept verursachte deshalb intensive Diskussionen innerhalb des Kollektivs. Das Ergebnis: Nicht jeder möchte exotische Früchte verwenden, für manche ist ein bewusster Umgang mit Überseefrüchten allerdings in Ordnung. Heimische Beeren oder Äpfel sind auf jeden Fall eine gute Alternative.

ZIPPERLEIN-FUSSBAD

Fußbad mit Giersch

DAS BRAUCHST DU:

3 Handvoll frischer Gierschblätter
3 l Wasser

SO GEHT'S:

Wasser aufkochen und Giersch damit übergießen. Abgedeckt etwa 10 Minuten ziehen lassen, dann in eine Fußwanne schütten. Kühles Wasser zugeben, bis in etwa die Körpertemperatur erreicht ist. 15 Minuten entspannen und genießen, anschließend die Füße gut abtrocknen.

Traditionell wird das Fußbad zur unterstützenden Behandlung bei Gicht und rheumatischen Beschwerden empfohlen.

GIERSCHGEWICKEL

Umschlag mit Giersch

DAS BRAUCHST DU:

3 Handvoll Gierschblätter, frisch
3 l Wasser
1 Baumwolltuch
1 Handtuch

SO GEHT'S:

Einen starken Giersch-Tee wie beim Zipperlein-Fußbad (siehe oben) ansetzen. Während der Ziehdauer ein größeres Handtuch und ein ausreichend großes Leinen- oder Baumwolltuch für den Wickel bereitlegen. Das Tuch mit dem Tee tränken, gut auswringen und prüfen, ob die Temperatur angenehm ist. Bequem hinsetzen oder hinlegen und das Tuch faltenfrei über die schmerzende Körperstelle breiten. Den Umschlag mit dem trockenen Handtuch bedecken. Den Wickel etwa eine halbe Stunde oder solange er als wohltuend empfunden wird wirken lassen. Danach den Wickel entfernen und eine weitere halbe Stunde nachruhen.

Der Giersch-Umschlag wird in der Volksheilkunde zur Linderung von Gicht, Ischiasbeschwerden und rheumatischen Leiden eingesetzt.

Brigitte Plank

Mit meiner Familie lebe und arbeite ich auf einem Biobauernhof mit Rinderaufzucht und Ackerbau im Landkreis Dachau. Der Straifferhof, der in zwölfter Generation von der Familie Plank geführt wird, lebt von und mit der Natur. All diesen Generationen war es von Bedeutung, die natürlich gegebenen Voraussetzungen aktiv zu nutzen, sie zu bewahren und weiterzugeben. Mit der Landbewirtschaftung selbst zu gestalten, den Boden gesund zu erhalten und die Früchte der eigenen Arbeit zu ernten, macht jeden Jahreslauf für uns zu einem Erlebnis.

Das Leben und Arbeiten mit der Natur sind mir sehr wichtig. Hier finde ich Inspiration, Kraft und Ruhe. Ganz egal, ob ich Kartoffeln ernte, Kälber füttere oder als kreative Form der Bodenbearbeitung aus Ton Skulpturen forme.

Kräuter und Wildfrüchte setze ich schon lange abwechslungsreich in der Küche ein und trockne Teekräuter für den Winter. Das weiß nicht nur meine Familie zu schätzen, auch unsere Tiere profitieren von Wiesenkräutern im Futter. Die Pflanzen um uns herum, die ohne unser Zutun wachsen, haben mich schon immer besonders interessiert.

Seit meiner Ausbildung zur zertifizierten Kräuterpädagogin gebe ich mein Wissen an Schulen, der Volkshochschule und bei Führungen im Rahmen der BayernTourNatur weiter. Wildkräuterfans führe ich dann rund um unseren Hof und biete Workshops mit wilden Schmankerln in unserem Kräuterhäusl an. Mehr dazu unter: *www.straifferhof.de*. Während der Vorbereitungen zu diesem Buch war gesunde, regionale Ernährung immer ein Thema unter uns Kolleginnen. Vollkorn, Sauerteig und Zuckerreduzierung zeigten positive Auswirkungen bei der

Ich arbeite gern künstlerisch …

… oder mit unseren Tieren

Und natürlich auch mit meinen Kräuterfreundinnen

täglichen Verköstigung meiner Familie. Nach der Anschaffung einer Getreidemühle und diverser Getreidesorten wurde das Kochen manchmal sehr experimentell, löste aber auch befriedigende Aha-Erlebnisse aus.

Bei mir förderte die Arbeit im Kollektivteam brachliegende Talente wieder zutage, lange nicht genutzte Fähigkeiten wurden wiederbelebt. Es freut mich sehr mit dem Wilden Grün gewachsen zu sein.

Gundermann

Just magic!

Vielseitig wie kaum eine andere einheimische Wildpflanze würze ich Speisen und Getränke, heile Wunden und verschönere den Garten. Die Menschen können sich nicht so recht entscheiden, wie sie mich nennen sollen. Dafür sagen sie mir schon seit Jahrtausenden magische Kräfte nach … ach, wie gut, dass niemand weiß, dass ich … heiß.

So heiße ich

Servus, mein Name ist Gundermann, **der** Gundermann. Manche nennen mich aber auch die Gundelrebe, was bei uns Wildpflanzen durchaus etwas Besonderes ist. Weltweit bin ich unter meinem Wissenschaftsnamen *Glechoma hederacea* L. bekannt. Verpasst hat mir diesen Namen Carl von Linné, der berühmte schwedische Naturforscher und Erfinder der international verbindlichen Benennung und Kategorisierung aller Lebewesen. Da hat er sich wohl von der mittellateinischen Bezeichnung „glechon" für die Polei-Minze (*Mentha pulegium* L.) inspirieren lassen. Doch was habe ich mit ihr gemeinsam? Vielleicht die kleinen, blauvioletten Blüten? Wie die Polei-Minze trage ich sie in meinen Blattachseln. Da kann ich seinen Vergleich mit dem Efeu, der im Lateinischen „hedera" heißt, schon besser nachvollziehen. Wie bei der Kletterpflanze wachsen meine Blätter auch an langen Ranken!

Meine Spitznamen

Über die Jahrhunderte hinweg haben die Leute mir sehr viele unterschiedliche Namen gegeben. Davon gefallen mir Guck-durch-den-Zaun, Donnerrebe oder Heckenmädchen am besten. Wobei Kranzkraut oder Erdefeu natürlich auch nicht schlecht sind. Steht doch jeder der alten Volksnamen für eine meiner besonderen Eigenschaften! Von nichts kommt schließlich nichts!

Für dein modernes Ohr hört sich der Namensteil „Gund-" oder „Gunt-" sicherlich recht merkwürdig an. Er bedeutet im Althochdeutschen Eiter und gibt dir schon einen wichtigen Hinweis auf mein großes Talent als Wundheiler. In England bin ich übrigens als „hedgemaid", „gill-over-the-ground", „alehoof" oder „ground-ivy" bekannt. Klingt auch gut, oder?

Neugierig erobere ich die Welt …

… und hänge auch mal ab!

We are family

Im Frühling zeige ich dir meine hübschen Blüten. An ihrer speziellen Form kannst du erkennen, zu welcher Pflanzenfamilie ich gehöre. Jede Blüte hat eine Oberlippe und eine ausgeprägte Unterlippe. Na? Okay, das war nicht schwer. Ich bin ein Lippenblütler (*Lamiaceae*). Auch mein vierkantiger Stängel und die besondere Art und Weise, wie meine vierteiligen Klausenfrüchte in den ehemaligen Blütenkelchen reifen, verraten diese Familienbande. Zu meiner lieben Verwandtschaft gehören übrigens viele herrlich duftende Küchen-, Heil- und Gartenpflanzen. Schau dir doch einfach mal Lavendel, Rosmarin, Thymian und Co. zur Blütezeit genauer an!

Typisch für mich

Vielleicht sind wir uns schon einmal begegnet, ohne uns zu kennen? Ist dir beim Rasenmähen ein ungewöhnlich würziger Duft aufgefallen? Dann wette ich darauf, dass der Wohlgeruch nicht vom frisch geschnittenen Gras stammte, sondern von meinen verletzten Blättern. Verantwortlich für mein typisches Aroma sind meine ätherischen Öle. Hast du sie einmal bewusst erschnuppert, wirst du dich immer wieder daran erinnern! Daneben kannst du mich leicht an meinen langen, am Boden kriechenden Trieben erkennen. Meine herz- oder nierenförmigen Blätter stehen sich am Stängel gegenüber. An dieser Stelle findest du im Frühjahr je zwei bis drei zarte, blauviolette Blüten.

Achtung, ich bin sehr bodenständig! Sobald meine Blattachseln den Boden berühren, treibe ich flugs Wurzeln und verankere mich im Erdreich.

Gundermann riskiert schon mal eine dicke Lippe

Der Gundermann kann sich ganz schön breitmachen

Von seiner Vitalität gibt der Gundermann dir gern eine Portion ab

Hier wachse ich besonders gerne

Neugierig geworden? Dann mach dich doch gleich auf die Suche! Besonders erfolgreich bist du, wenn du an folgenden Stellen Ausschau hältst: auf feuchten, humusreichen Böden, an Hecken, unter Bäumen und – nicht immer zur Freude der Gartenbesitzer – auf Rasenflächen. Wohngemeinschaften mit anderen nährstoffliebenden Pflanzen, wie der Knoblauchsrauke, der Echten Nelkenwurz, dem Giersch und der Brennnessel, behagen mir sehr.

Das steckt in mir

Vielleicht sehe ich ein wenig unscheinbar aus, aber in mir stecken viele wertvolle Vitalstoffe, wie entzündungshemmende und konservierende Gerbstoffe. Ich enthalte appetitanregende Bitterstoffe, hier vor allem das speichelbildende Marrubiin sowie das bisher noch unerforschte Glechomin. Zudem warte ich noch mit meinen ätherischen Ölen, Saponinen, Vitamin C, Cholin, Flavonoiden und Mineralstoffen auf.

Dabei helfe ich dir

Die Gesamtheit meiner Inhaltsstoffe wirkt entzündungshemmend, wundheilend, schleimlösend, verdauungsfördernd, appetitanregend und ausleitend. Die Menschen verwenden mich seit jeher in der Volksheilkunde, und zwar ganz richtig bei schlecht heilenden Wunden, Ausschlägen oder Ekzemen. Auch bei Durchfall, Leberbeschwerden, Entzündungen im Mund- und Rachenraum sowie bei Husten kann ich dir helfen. In der Alternativmedizin bin ich außerdem für meine besondere Fähigkeit zum Ausleiten von Schwermetallen bekannt.

Knoblauchsrauke

Scharbockskraut

Kriechender Günsel

Rote Taubnessel

Achtung, Verwechslungsgefahr!

Im zeitigen Frühling kannst du mich, solange ich nicht blühe, vielleicht mit ein paar anderen, ebenfalls noch blütenlosen Kräutern verwechseln: Knoblauchsrauke, Scharbockskraut, Kriechender Günsel oder Rote Taubnessel.

Pflück mich

Meine Blätter schmecken aromatisch, leicht nach Minze, aber mit einem Hauch Lakritz. Wesentlich zarter sind meine Blüten, sie schmecken dazu leicht süßlich. Besonders fein ist mein ungewöhnliches Aroma im Frühjahr. Du pflückst meine jungen Blätter und Blüten also am besten im Frühling. Sobald meine Blätter größer sind, werden sie kräftiger im Geschmack. Du kannst mich natürlich trocknen, aber frisch verwendet bin ich einfach am besten! Verzichte lieber auf mich, wenn du schwanger bist, ich kann möglicherweise Wehen auslösen. Besondere Aufmerksamkeit ist auch bei Tieren geboten, speziell bei Pferden und Nagern, denn für sie bin ich in größerer Menge sogar giftig!

Bück dich und pflück mich!

Was du sonst noch über mich wissen solltest

In einer Zeit, als das Bier noch nicht rein und ich als alehoof oder Erdhopfen bekannt war, hatte ich wegen meines unvergleichlichen Geschmacks und meiner konservierenden Wirkung meinen großen Auftritt als eines der wichtigsten Bierkräuter. Dank des Reinheitsgebots geriet ich dann wie so viele andere ehemalige Bierkräuter in Vergessenheit. Zum Glück gibt es heute wieder eine Vielzahl von kleinen Hausbrauereien, die sich zurückbesinnen und die alten Braukräuter wieder aus der Versenkung holen. Das damit gebraute Getränk darf sich dann zwar nicht Bier nennen, aber es kommt ja auf die Wirkung und den Geschmack an.

Das hättest du nicht von mir gedacht

Schon bei den Germanen galt ich als Zauberpflanze. Ich war dem Donnergott Thor zugeordnet und sollte vor Unwetter, Blitz und Hagel schützen. An Festtagen haben mich die Frauen in ihr Haar geflochten und fühlten sich dann den Ahnen, Geistern und Göttern besonders nahe.

Was andere über mich sagen

Es ist noch gar nicht so lange her, da hatten bei vielen Bauern noch diverse Milchzauber ihre Bedeutung. Bei zu geringer Milchleistung wurde empfohlen, drei kleine Kränze aus meinen Blätterranken zu flechten und mit jeder Zitze dreimal nach hinten durch die Kränze zu melken. Danach bekam die Kuh die Kränze zu fressen und man sagte dazu: *„Kuh, da geb' ich dir Gundelreben, dass du mir die Milch willst wieder geben". Magic!*

Gundelreben – Gott hat dir Gnad' gegeben!

Erste-Hilfe-Deko

Sehr hübsch sehe ich als Unterpflanzung eines Hochstämmchens oder malerisch herabhängend im Balkonkasten aus. Meine Triebe wachsen rasch über den Rand der Pflanzgefäße und bilden schöne lange Ranken mit attraktiven Blüten. Das Schönste aber ist, dass ich so nicht nur das Auge erfreue, sondern als griffbereite Erste-Hilfe-Pflanze dem Wildkräuterfreund bei Halskratzen sofort behilflich sein kann. Dazu ein frisches Blatt gründlich kauen.

„Es gibt nur eine Kraft aus der Ewigkeit und diese Kraft ist grün!“
Mantra nach Hildegard von Bingen (1098–1179 n. Chr.)

Grünkraft-Meditation

Suche dir einen schönen, ruhigen Platz im Grünen. Schließe für einige Minuten die Augen, atme tief durch die Nase ein und aus und lausche der Natur. Verwurzle dich gedanklich gut mit der Erde, richte den Scheitelpunkt des Kopfes zum Himmel aus und atme tief in den Bauch ein und aus. Nimm bewusst Düfte wahr und spüre dem Wind und der Sonne auf der Haut nach. Lass einige Minuten den Blick von links nach rechts und von rechts nach links schweifen. Nimm dabei die verschiedenen Grüntöne in deiner Umgebung wahr und lass die Grünkraft auf dich wirken.

Wilde Küche

Ähnlich vielfältig wie seine Namen sind die Zubereitungsmöglichkeiten mit Gundermann
Alle Rezepte sind für 4 Personen, falls nicht anders angegeben

GEMINZTES HECKENMÄDCHEN

Frischer Gundermann-Wiesenschluck

Herbsüße Erfrischung für Sommertage

DAS BRAUCHST DU:

1 Handvoll Gundermannblätter
1 Handvoll Pfefferminzblätter
1 l Apfelsaft
1 Zitrone
1 l Wasser
Einige Gundermannranken und Pfefferminzblätter als Garnitur

SO GEHT'S:

Gundermann- und Pfefferminzblätter mit der Hand etwas anquetschen. Beide zusammen mit dem Apfelsaft in einen großen Krug geben und mindestens 3 Stunden ziehen lassen. Die Kräuter herausnehmen und kräftig ausdrücken. Die Zitrone auspressen. Den Apfel-Kräuter-Saft nun mit dem Zitronensaft und dem Wasser auffüllen. Vor dem Servieren frische Gundermannranken mit Blüten und Pfefferminzblätter zugeben. So verwandelt sich das erfrischende Getränk zusätzlich in einen hübschen Blickfang auf dem Tisch.

Alternative:
Kein Gundermann zu finden? Das Rezept funktioniert auch mit der gleichen Menge an Gierschblättern oder anderen aromatischen Wild- und Gartenkräutern ganz ausgezeichnet.

SALZMAGIE

Gundermann-Salz

DAS BRAUCHST DU:

20 g junge Gundermannblätter und -blüten, getrocknet
100 g Steinsalz

SO GEHT'S:

Die getrockneten Gundermannblätter und -blüten grob mörsern. Anschließend gründlich mit dem Salz vermischen und in ein dicht verschließbares Glas füllen.

Das i-Tüpferl:
Vor Verwendung des Gundermann-Salzes die Würzmischung noch einmal fein zerreiben oder mahlen, um die ätherischen Öle freizusetzen. Dadurch verstärkt sich das Aroma.

Passt am besten zu Salaten, Gemüse und Kartoffeln

BRATKARTOFFELN MIT SOLDATENPETERSILIE

Traditionsrezept mit Gundermannkick

Während des Krieges hat die minzig-herbe Wildwürze des Gundermanns das karge Essen des kämpfenden Fußvolkes mit leckeren Aromen und gesunden Bitterstoffen bereichert.

DAS BRAUCHST DU:

1 kg Kartoffeln, gekocht
etwas Öl, z.B. Sonnenblumenöl, zum Anbraten
1 Handvoll Gundermannblätter
Salz
Pfeffer

SO GEHT'S:

Kartoffeln schälen und in Scheiben schneiden. Das Öl in einer Pfanne erhitzen und die Kartoffeln darin goldbraun anbraten. Gundermann waschen und in Streifen schneiden. Zum Schluss auf die fertigen Bratkartoffeln geben. Alles in der Pfanne kurz wenden und mit Salz und Pfeffer würzen.
Und schon steigt dir der typische Duft des Gundermanns in die Nase.

Das i-Tüpferl:
Das wertvolle Aroma des Wildkrautes bleibt besonders gut erhalten, wenn seine Öldrüsen nicht vorzeitig zerstört werden. Dazu wäschst du die Gundermannblätter möglichst vorsichtig, tupfst sie schonend trocken und schneidest sie mit einem möglichst scharfen Messer.

Schmeckt auch in Friedenszeiten gut

Aha, so ist das!

Frühlingskräuter regen den Stoffwechsel an und sorgen so für neue Kraft und Vitalität.

GRÜNKRAFTSUPPE

Suppe aus neun oder mehr Frühlingskräutern

Diese Suppe ist ganz speziell! Abhängig von deiner Sammelwut und den gefundenen Kräutern schmeckt sie jedes Mal anders, aber immer gut! Pflücke dafür eine größere Menge milder Wildkräuter, wie Brennnesseln, Giersch, Vogelmiere, Gänseblümchen, Spitzwegerich oder Knoblauchsrauke. Halte dich dafür mit der Menge an intensiver schmeckenden Kräutern, wie Löwenzahn, Bärlauch, Schafgarbe und Gundermann, dagegen lieber etwas zurück.

DAS BRAUCHST DU:

2 mittelgroße Kartoffeln
2 Karotten
1 Zwiebel
2–3 EL Öl
1 l Gemüsebrühe
2–3 Handvoll Wildkräuter
Gundermann-Salz, Pfeffer
etwas Schmand und ein paar Gänseblümchen- und/oder Gundermannblüten als Garnitur

SO GEHT'S:

Die Kartoffeln und Karotten waschen, schälen und grob würfeln. Die Zwiebel hacken und in einer Pfanne in heißem Öl glasig dünsten. Kartoffel- und Karottenwürfel zugeben und kurz mitdünsten. Das Gemüse mit der Gemüsebrühe aufgießen. Alles etwa 15 Minuten weich kochen und anschließend pürieren. Die Kräuter fein schneiden und unterrühren, die Suppe aber nicht mehr aufkochen lassen. Mit Salz und Pfeffer abschmecken und mit etwas Schmand und den Blüten angerichtet servieren.

DUNKLE SÜNDE

Rohschokolade mit Gundermann und Walnüssen

DAS BRAUCHST DU:

80 g Kakaobutter
40 g Rohkakao, gemahlen
40 g Kakaopulver
1/2 TL Vanillepulver
2–6 TL Agavendicksaft
1 Prise Salz
1 Handvoll Gundermannblätter, frisch
30 g Walnüsse, gehackt

SO GEHT'S:

Kakaobutter im Wasserbad schmelzen. Währenddessen Rohkakao, Kakao- und Vanillepulver in einer separaten Schüssel mischen. Sobald die Kakaobutter geschmolzen ist, die vermischten Zutaten zugeben und zu einer glatten Masse verrühren. Mit Agavendicksaft und Salz abschmecken.
Ein großes Brett oder einen Teller mit Backpapier auslegen. Die Schokoladenmasse darauf gießen und flächig, etwa 1/2 cm dick, ausstreichen. Die Gundermannblätter und die gehackten Walnüsse nun gleichmäßig darauf verteilen. Alles kalt stellen bis die Schokolade hart ist. Schließlich in appetitliche Stücke brechen. Frisch schmeckt die Schokolade am allerbesten! Gut gekühlt ist sie bis zu 1 Woche lagerfähig.

Alternative:
Die Haltbarkeit kannst du durch die Verwendung von getrockneten Gundermannblättern erhöhen. Um ein Vielfaches aromatischer ist jedoch das frische Kraut und wer kann schon solchen Versuchungen wirklich lange widerstehen? Wenn du es gerne rohköstlich magst, ersetzt du einfach das Kakaopulver 1:1 durch gemahlenen Rohkakao!

GUNDELS ZAUBER

Gundermann-Frischkäse-Torte ganz ohne Backen

DAS BRAUCHST DU:

Für den Tortenboden

200 g Mürbeteigkekse, fein
125 g Butter, zerlassen
1 EL Kakaopulver
200 g Marmelade (z.B. Kornelkirsche oder Hagebutte, siehe Seite 111 und Seite 137)
2 EL Nusslikör

Für die Frischkäsecreme

400 ml Sahne
2 Päckchen Sahnesteif
2 EL Vanillezucker
1 Limette
400 g Frischkäse

Für die Garnitur

50 g Zartbitterkuvertüre
12 oder mehr Gundermannblättchen, frisch
verschiedene Beeren der Saison, z.B. Johannis-, Brom-, Him- und Stachelbeeren
ein paar Gundermannblüten und/oder Rosenblütenblätter

SO GEHT'S:

Für den Tortenboden die Mürbeteigkekse fein zerbröseln. Brösel in einer Schüssel mit der zerlassenen warmen Butter und dem Kakaopulver mischen. Die Mischung in einen Tortenring geben und flach drücken. Abkühlen lassen. Inzwischen die Marmelade mit dem Likör verrühren und die Mischung etwas ziehen lassen. Den abgekühlten Boden damit bestreichen.

Für die Frischkäsecreme die Sahne mit dem Sahnesteif und dem Vanillezucker steif schlagen. Die Limette auspressen. Den Limettensaft und den Frischkäse mit der Sahne vermengen. Die Masse auf die Marmeladenschicht geben und glatt streichen. Für die Garnierung die Kuvertüre im Wasserbad schmelzen. Die Gundermannblättchen mit der flüssigen Schokolade überziehen und kurz im Kühlschrank abkühlen lassen. Die Torte mit den Beeren, den Gundermannblüten und den Rosenblütenblättern garnieren. Zum Schluss auf jedem Tortenstück mindestens ein schokoliertes Gundermannblättchen platzieren.

Schwuppdiwupp gemacht und schwuppdiwupp weggenascht

Volle Heilkraft voraus

Stell dir regenerierende Mittel aus dem aromatischen Gundermann her!

WEHWEHCHEN-ÖL

Regenerierendes Gundermann-Hautöl

Die Herstellung eines Ölauszugs auch Ölmazerat genannt, kann ganz schöne Diskussionen auslösen, so auch bei uns im Kräuterkollektiv. Viele Meinungen, diverse Methoden – so entstand die Idee, eine Versuchsreihe mit den Blättern des Gundermanns zu starten. Hier folgt unsere beste Methode:

DAS BRAUCHST DU:

2 Handvoll Gundermannblätter
1 Schraubglas
Pflanzenöl in Bioqualität, kalt gepresst
1 Gazetuch
1 braune Lichtschutzflasche

SO GEHT'S:

Die trockenen, sauberen Gundermannblätter locker in ein sauberes Schraubglas schichten. Mit kalt gepresstem Pflanzenöl in Bioqualität aufgießen, bis alles gut bedeckt ist. Das Glas mit einem Gazetuch bedecken. Das verhindert die Bildung von Kondenswasser und die Gefahr von Schimmelbildung ist weitgehend gebannt. Das Öl bei Zimmertemperatur ziehen lassen. Während dieser Zeit die Mischung täglich aufschütteln. Dazu das Gazetuch abnehmen, das Glas mit dem dazugehörigen Schraubdeckel verschließen und kräftig schütteln. Danach müssen wieder alle Blätter mit Öl bedeckt sein. Den Deckel abnehmen und das Gazetuch wieder auflegen. Nach etwa 4–6 Wochen das Öl durch ein sauberes Tuch in eine Lichtschutzflasche abgießen. Die Pflanzenteile gut abtropfen lassen. Flasche beschriften und kühl aufbewahren. Gundermann-Öl regeneriert die Haut bei kleinen Wunden oder leicht geschädigter Haut.

Leichte Hautirritationen? Gundermann-Öl hilft!

DONNERREBEN-BADESALZ

Badesalz mit Gundermann

Baden wie Thor ... bloß besser draußen nicht bei Gewitter

Erfrischt, belebt und regt den Kreislauf an.

DAS BRAUCHST DU:

50 g Steinsalz
3 EL Ziegenmilchpulver
3 EL Gundermannblätter, getrocknet
2–3 Tropfen ätherisches Orangenöl, 100 % naturrein

SO GEHT'S:

Alle Zutaten in einer Schale mischen und in ein Stoffsäckchen füllen. Dieses fest verschließen und in das einlaufende Badewasser hängen. 10–15 Minuten im 36–38 °C warmen Wasser baden und danach kühl abduschen.

MAGENFREUND

Gundermann-Tinktur

Hilfreich bei Magenverstimmung mit Durchfall.

DAS BRAUCHST DU:

1 Handvoll Gundermannblätter, frisch
100 ml Doppelkorn 38 Vol.-%
1 Schraubglas
1 Lichtschutzflasche

SO GEHT'S:

Die Gundermannblätter in etwas Alkohol sanft mörsern. Die Mischung in ein passendes Schraubglas geben und mit dem restlichen Alkohol auffüllen. Gut verschlossen bei Zimmertemperatur 5–6 Wochen ziehen lassen, währenddessen täglich aufschütteln. Den Ansatz anschließend durch ein feinmaschiges Sieb abgießen und am besten in einer Lichtschutzflasche aufbewahren. Die Einnahme von dreimal täglich 30 Tropfen ist eine erprobte Dosierung.

Die Tinktur ist mindestens 1 Jahr haltbar.

GILL-TEA

Gundermann-Tee

Die Volksmedizin setzt Gundermann-Tee gegen Husten und Atemwegsbeschwerden ein. Bei Mund- und Rachenentzündungen hilft es, abgekühlten Tee zu gurgeln. Wirksam soll er auch bei körperlicher und seelischer Erschöpfung sein. Dadurch bewährt er sich als Mittel zur Rekonvaleszenz nach langwierigen Krankheiten.

DAS BRAUCHST DU:

2 TL Gundermann, frisch
200 ml Wasser

SO GEHT'S:

Gundermann in einer Tasse mit kochendem Wasser übergießen. Zugedeckt 5–10 Minuten ziehen lassen, danach abseihen. Als Kuranwendung maximal 4 Wochen lang täglich 2 Tassen trinken.

Malertee

Wegen seiner entgiftenden Eigenschaften wurde der Gill-Tea auch als „Malertee" bekannt. Früher arbeiteten Maler und manche Handwerker mit stark bleihaltigen Materialien. Um Vergiftungserscheinungen zu vermeiden, gehörte der Gill-Tea bald zum Handwerkszeug.

Nicht abwarten, sofort Tee trinken

CHILL-SALBE

Gundermann-Hautsalbe

Beruhigende Hautsalbe

DAS BRAUCHST DU:

10 g Bienenwachs
100 g Gundermann-Öl
(siehe Seite 81)
1 Schraubglas

SO GEHT'S:

Das Bienenwachs im Wasserbad schmelzen. Gundermann-Öl leicht erwärmen und unterrühren, bis eine homogene Masse entstanden ist. In ein sauberes Schraubglas füllen und erst nach dem Abkühlen verschließen, damit sich kein Kondenswasser am Deckel bildet. Das würde die Haltbarkeit verringern.

Schwarzer Holunder

Hüter der Schwelle

Begegne mir mit Achtung und Respekt, denn nach der Tradition hüte ich die Schwelle zu Tod und Geburt. Mysteriöse Bräuche und Geschichten ranken sich um mich. Großzügig schenke ich euch Blüten und aus den Beeren heilsamen dunklen Saft. Einverleibt verhelfe ich dem Immunsystem zu Einklang und Stärke.

So heiße ich

Sei gegrüßt, ich bin der Schwarze Holunder! Mein botanischer Name *Sambucus nigra* L. bedeutet frei übersetzt schwarze Harfe. Das kommt daher, dass die Menschen des antiken Griechenlands aus meinem Holz ihre dreieckigen Musikinstrumente fertigten. Das Wort „nigra", lateinisch für schwarz, beschreibt die sehr dunkelviolette Färbung meiner reifen Früchte.

Meine Spitznamen

Im Norden tauften mich die Leute Alhorn, Elhorn, Eiderbaum und im Süden Holder, Holler oder Hulla. Bezeichnungen wie Husholder oder Bachholder verraten schon meine Lieblingsplätze. In England bin ich als „Elder" bekannt. Bevor der Flieder aus dem Nahen Osten bei uns eintraf, war ich in weiten Teilen auch noch als Flieder bekannt. Doch stell dir vor, was nun passierte: Der Neuankömmling machte mir doch glatt meinen Namen streitig. Und das auch noch mit großem Erfolg! So sind meine Früchte heute nur noch den Menschen am Niederrhein und in Niedersachsen als Fliederbeeren geläufig.

We are family

Früher zählte ich zur Pflanzenfamilie der Geißblattgewächse. In den letzten Jahren betrieben Wissenschaftler allerdings genetische Ahnenforschung und stellten dabei fest, dass ich eigentlich ein Mitglied der Moschuskrautgewächse (*Adoxaceae*) bin. Auch nicht schlecht! Jetzt bin ich plötzlich mit dem Gewöhnlichen Schneeball und dem Moschuskraut verwandt.

Typisch für mich

Ich bin zwar ein Strauch, kann aber sehr groß werden. Von Ende Mai bis Ende Juni trage ich mein Festtagskleid und schmücke meine Zweige zur Freude aller mit intensiv duftenden, cremeweißen Blüten. Diese verwandeln sich ab Mitte August in schwarz glänzende Beeren. Verborgen von meiner graubraunen, getüpfelten Borke, findest du im Inneren meiner Zweige weiches, helles Mark. Meine Fiederblätter kennst du bestimmt. Jedes einzelne Blättchen an ihnen ist oval und gezähnt.

Die zwei Seiten des Holunders: weiß …

… und schwarz

Waldränder gefallen mir

Hier wachse ich besonders gerne

Mit Vergnügen wurzle und treibe ich in feuchten Wäldern, an Bachläufen, Hauswänden und Scheunen. Hauptsache der Boden ist frisch und stickstoffreich. Vögel haben meine Beeren zum Fressen gern und verbreiten mich dadurch großzügig in Siedlungen und in der Landschaft. Mit einem kleinen Rekord kann ich in aller Bescheidenheit aufwarten: Ich gehöre zu den häufigsten Straucharten Mitteleuropas. Selbst in Afrika und Asien kannst du mich antreffen.

Das steckt in mir

Meine Blüten, das riechst du sofort, beinhalten ätherische Öle, auch Fettsäuren und Flavonoide, davon vor allem Rutin. Außerdem habe ich noch Gerbstoffe, Schleimstoffe und Kaliumsalze zu bieten. Meine Früchte enthalten Fruchtsäuren, Zucker, ätherische Öle, Flavonoide und Anthocyane, die als Radikalfänger bekannt sind. Außerdem bringen meine schwarzen Beeren massenhaft Vitamine, wie z.B. Vitamin C, Niacin, Folsäure und Provitamin A mit.

Insektenhotel

Schneide Holunderzweige mit 1–2 cm Durchmesser in 20 cm lange Stücke. Binde sie mit einer Schnur zusammen oder setze sie ganz eng nebeneinander in eine leere Blechdose mit Boden. Die jungen Zweige enthalten ein weißes Mark, die älteren haben Hohlräume. Hänge dein Insektenhotel in einen Baum oder Strauch, dann finden verschiedenen Insekten das richtige „Zimmer" zum Nisten oder Überwintern. Gäste könnten Nützlinge wie z.B. Florfliegen, Ohrenwürmer, Wildbienen- und Wespenarten sein.

Dabei helfe ich dir

Ich harmonisiere und unterstütze dein Immunsystem. Hast du leichtes Fieber und strebst eine Schwitzkur an, dann liegst du mit mir richtig. Ein Tee aus meinen Blüten oder ein Trank aus meinen Beeren wirken erwärmend, schweißtreibend, fiebersenkend und schleimlösend. Darüber hinaus bin ich durchblutungsfördernd und harntreibend.

Achtung, Verwechslungsgefahr!

Stell dir vor, der Attich (*Sambucus ebulus* L.), auch Zwerg-Holunder genannt, hat doch glatt auch schwarze Beeren. Mein im Gegensatz zu mir krautig wachsender „kleiner Bruder" enthält in allen Pflanzenteilen giftige Bitterstoffe. Er blüht mit seinen purpurroten Staubbeuteln aber später als ich und, wenn du mich fragst, riecht er widerlich!

Das ist mein problematischer Verwandter, der Attich

Ebenfalls mit mir verwandt ist der Rote Holunder (*Sambucus racemosa* L.). Im zeitigen Frühjahr kannst du ihn mit mir verwechseln. Seine Blätter ähneln meinen, jedoch sind sie erst bronzefarben bis rot, bevor sie grün werden. Außerdem treibt er gleichzeitig mit den Blättern schon die Blütenstände aus, die nicht wie bei mir tellerförmig flach sind, sondern eher kegelig. Seine Beeren sind knallrot. Roh verzehrt lösen alle unsere Beeren Durchfall und Erbrechen aus.

Blätter und Blütenstände des Roten Holunders

Pflück mich

Schneide oder breche meine Blüten nach einer Schönwetterphase an einem sonnigen, trockenen Tag ab. Dann verströme ich mein volles Aroma. Meine Beeren sind vollständig reif, wenn sie glänzend schwarz sind und der Stiel rot bis violett ist. Nur in diesem Zustand solltest du mich sammeln!

Noch etwas Wichtiges: Koche meine Beeren unbedingt vor dem Verzehr! Der Genuss von rohen Beeren oder Saft kann besonders bei Kindern zu Durchfall und Erbrechen führen.

Nur schwarze Beeren sind erntereif

Mit Holunder räuchern

Der Holunder ist ein Sippen- und Schwellenbaum, der die Menschen beschirmt und ihnen den Weg weist. Mit den Blüten kann man zu verschiedenen Anlässen räuchern: Zu Ehren der Ahnen, zur Begleitung eines geliebten Menschen in die andere Welt sowie zur Begrüßung neuer Erdenbürger oder des neuen Jahres. Pflanzenbotschaften nach Räucherungen erreichen uns häufig erst an der Schwelle zwischen Schlafen und Erwachen.

Was du sonst noch über mich wissen solltest

Früher galt ich in abgelegenen Gegenden, in denen der nächste Arzt oder Heilkundige weit weg war, als eine Art Hausapotheke. Kräuterkundige Menschen heilten mit meinen Blüten, meinen Beeren, meiner Rinde und meinen Wurzeln die unterschiedlichsten Beschwerden.

Das hättest du nicht von mir gedacht

Manche halten mich für imstande, Kontakt zu den Ahnen herzustellen und das Tor in die andere Welt zu öffnen. Ein Schwellenbaum, fähig zu helfen bei Übergängen. Bis heute gelte ich in Dänemark als Geburtsbaum. So bat mich schon manch Schwangere um Unterstützung für einen glücklichen Ausgang der Geburt. Nicht zuletzt fungierte ich in Kriegszeiten als Schatzbaum. Manche Hofbesitzer mussten fliehen und vergruben Münzen und Schmuck unter meinen Wurzeln.

Alte Bauernregel

„Wie der Holunder blüht,
Rebe auch und Lieb' erglüht;
blühen beide im Vollmondschein,
gibt's viel Glück und guten Wein."

Danach hackten mich die Besitzer ab, bevor sie das Weite suchten. In friedlichen Zeiten kehrten die Geflohenen zurück und wussten sofort, wo der Schatz lag. Denn ich hatte mich dank meiner Kräfte erneuert und wuchs, als wäre nie etwas gewesen. Natürlich brauchte es Glück, dass die Stelle nicht von Plünderern entdeckt wurde.

Was andere über mich sagen

Wer früher an mir vorbeiging, zog voller Achtung vor mir den Hut. Als Sippenbaum am Hof wachsend, hütete sich jeder davor, mich zu fällen oder gar zu verbrennen, um nicht Unheil auf sich zu ziehen. Die Leute dachten, in mir wohne die segenbringende, über Haus und Hof wachende, vorgermanische Göttin namens Hel, Holla, Holda oder Hulde. Du begegnest ihr im Märchen von Frau Holle. Dort ist sie zuständig für Schwarz und Weiß, für Gold und Pech, und letztlich für Tod und Wiedergeburt. Vielleicht war es deshalb besonders in Norddeutschland üblich, mit einem Stab von mir den Sarg zu vermessen und als Kutscher des Leichenwagens eine Rute von mir als Peitsche zu benutzen. Wenn ein Grabkreuz aus meinem Holz zu grünen begann, dann war das ein Zeichen, dass dem Verstorbenen ein „seliges Jenseits" beschieden war.

Holler-Pfeife

Ein ca. 6 cm langes Stück von einem fingerdicken, etwa dreijährigen Ast abschneiden. Das weiche Mark aus dem Inneren des Aststücks mit einer passenden Schraube oder einem Handbohrer sorgfältig entfernen, das ist wichtig für den Klang. Die Rinde am Mundstück mit einem Taschenmesser sauber ablösen. Den Rand des Mundstückes mit einem feinen Schleifpapier glattschleifen. Halte nun mit dem Daumen einer Hand das untere Ende deiner Pfeife zu und blase am oberen Ende darüber hinweg, wie über einen Flaschenhals. Suche den perfekten Klang durch Drehen des Mundstücks. Je nach Länge der Holler-Pfeifen ergeben sich unterschiedliche Tonhöhen. Aus mehreren Holler-Pfeifen kannst du auch eine Panflöte bauen.

FRAU-HOLLE-RIEGEL

Energieriegel mit Holunder

Powerriegel für Leckermäuler

DAS BRAUCHST DU:

100 g Früchte, gemischt und getrocknet (z.B. Holunderbeeren, Äpfel, Pflaumen, Aprikosen oder Rosinen)
25 g Mandeln
50 ml Holunderblüten-Sirup
1 EL Honig
2 EL Vanillezucker
je 1 Prise Muskat und Zimt
4 große Oblaten (12 x 20 cm)

SO GEHT'S:

Getrocknete Früchte und Mandeln sehr fein hacken. Mit Holunderblüten-Sirup, Honig, Vanillezucker und Gewürzen vermengen. Auf einem Brett 2 Oblaten auslegen und mit der Masse bestreichen, anschließend mit den restlichen Oblaten bedecken. Mit einem zweiten Brett und einem Gewicht beschweren, über Nacht ruhen lassen. Am nächsten Tag in etwa 3 cm breite Streifen schneiden.
Frau-Holle-Riegel halten kühl, trocken und dunkel gelagert mehrere Wochen, wenn sie nicht schon vorher in hungrige Mäuler verschwunden sind.

LOCKMITTEL FÜR JUNGE ELFEN

Holunderblüten-Creme

DAS BRAUCHST DU:

1 Päckchen Gelatine
(für 500 ml Flüssigkeit)
150 ml Holunderblüten-Sirup
350 ml Sahne
Mark von 1/2 Vanilleschote
500 g Erdbeeren
Saft von 1 Zitrone
etwas Holunderblüten-Sirup

Ein frühsommerliches Dessert zum Niederknien. Wo bleiben die Elfen?

SO GEHT'S:

Die Gelatine in etwas kaltem Wasser ca. 10 Minuten einweichen. Anschließend vorsichtig erhitzen, bis sich die Gelatine auflöst, und mit dem Holunderblüten-Sirup mischen, abkühlen lassen. Die Sahne mit dem Vanillemark steif schlagen und die Sirup-Gelatine-Mischung unterheben. In Förmchen oder Gläser füllen und in den Kühlschrank stellen, bis die Masse geliert. Die Erdbeeren vierteln und mit dem Zitronensaft und dem Sirup aromatisieren. Die Hollerblüten-Creme mit den Erdbeeren servieren.

HUGOS LIEBLING

Holunderblüten-Sirup mit Honig

DAS BRAUCHST DU:

15 Holunderblütendolden
2 l Wasser
4 Zitronen, in Scheiben geschnitten
Saft von 4 Zitronen
1 kg Honig

SO GEHT'S:

Holunderblüten ausschütteln, von den größeren Stängeln befreien und in ein 3 l Ansatzglas oder einen großen Topf mit Deckel geben. Mit 2 l Wasser auffüllen und mit den Zitronenscheiben beschweren. Abgedeckt 2 Tage ziehen lassen, danach durch ein mit Stoff ausgelegtes Sieb in einen Topf gießen. Den Auszug mit dem Zitronensaft und dem Honig aufkochen. Noch heiß in sterilisierte Flaschen füllen, verschließen und kühl lagern.

Den Sirup kannst du, je nach Geschmack, im Verhältnis 1:6 mit Mineralwasser verdünnen oder als Spritz mit Sekt aufgießen.

Aha, so ist das!

Bei der Ernte der Blüten ist es wichtig, dass zwei sonnige Tage aufeinander folgen. Feine Nasen erkennen den richtigen Zeitpunkt am Duft. Die Blüten müssen trocken gepflückt und zur Schonung des Aromas ungewaschen verwendet werden.

BEERIGES ERNTEGLÜCK

Holunderbeeren-Chutney

Probiere das Chutney mal in Joghurt gerührt!

DAS BRAUCHST DU FÜR 4 GLÄSER à 200 ml:

10 schwarze Pfefferkörner
4 Nelken
1/4 Zimtstange
500 g Holunderbeeren, ohne Stiele
100 ml dunklen Balsamicoessig
100 g Rohrzucker
1 große Zwiebel, klein geschnitten
1 Stk. Ingwer, ca. 2 cm lang, klein geschnitten

SO GEHT'S:

Pfeffer, Nelken und Zimtstange in einen Teefilter geben und diesen verschließen. Alle Zutaten miteinander 30 Minuten lang kochen, anschließend den Filter mit den Gewürzen entfernen. Das Chutney noch heiß in ausgekochte kleine Gläser abfüllen. Das Chutney passt prima zu Käse, Wild- und Rindfleisch.

Arbeit vieler Hände,
Mühe schnelles Ende!

Hildegards Mutprobe

Als ich mich mit Angela und Rita zum gemeinsamen Kochen rund um den Holunder traf, war ich gespannt, aber auch skeptisch, was das Rezept der Waldohr-Crostinis anging. Das Waldohr ist ein Pilz, der gerne auf dem absterbenden Holz von Holunder wächst. Diese rotbraunen Öhrchen, inmitten von Flechten und Moos am Stamm des Holunderbaums, sahen für mich wenig appetitlich aus. Sollten die tatsächlich essbar sein? Einer biblischen Sage nach hat sich Judas an einem Holunderbusch erhängt, warum der Pilz auch Judasohr heißt. Das trug nicht wirklich zu meiner Beruhigung bei. Meine Kolleginnen dagegen ernteten munter die Pilze. Wieder zu Hause landeten sie schwupps zerkleinert mit den anderen Zutaten in der Pfanne. Erstaunt beobachtete ich, wie sich der fremd anmutende Schwamm in ein essbares Gericht verwandelte. Ein feiner Duft erfüllte die Küche und die freundlich kompetente Selbstverständlichkeit, mit der mir die Crostinis mit Waldohr serviert wurden, zerstreuten meine Zweifel – ich probierte und es schmeckte köstlich!

WALDOHR-CROSTINI

Holunderpilz-Delikatesse

DAS BRAUCHST DU:

150 g Waldohren, frisch (ersatzweise 25 g Mu-Err-Pilze, getrocknet)
8 Scheiben Baguette
2 EL Olivenöl
2 Knoblauchzehen
4 getrocknete Tomaten, eingelegt
4 EL Pinienkerne
2 EL Butter
Salz
Pfeffer
2 EL geriebener Käse, z.B. Chester
4 EL geriebener Parmesan

Das i-Tüpferl:
Mit einem großen gemischten Salat ergeben die Crostinis ein leckeres Hauptgericht.

SO GEHT'S:

Die Waldohren ca. 1 Stunde in Wasser einweichen, danach abtropfen lassen. Baguettescheiben in der Pfanne in etwas Olivenöl von beiden Seiten anbräunen, herausnehmen und auf ein Backblech legen. Die Knoblauchzehen zerdrücken, getrocknete Tomaten und Pilze klein schneiden, Pinienkerne fein hacken. Die Butter in der Pfanne zerlassen und alles kurz andünsten. Mit Salz und Pfeffer würzen, zuletzt den geriebenen Käse zugeben. Die Pilzmischung auf den Baguettescheiben verteilen und mit Parmesan bestreuen. In den Ofen schieben, 3 Minuten mit der Grillfunktion bei 200 °C überbacken und warm servieren.

Wildes Waldgericht: Waldohr vom Stamm in die Pfanne

IRISCHES LEBENSWASSER

Holunderbeeren-Whiskey

Starker Stoff: Holunder-Whiskey

DAS BRAUCHST DU:

500 ml Holundersaft
75 g Zucker
2 Gewürznelken
125 ml Whiskey

SO GEHT'S:

Saft mit Zucker und Gewürznelken kurz aufkochen, dann abkühlen lassen. Whiskey zugeben, filtrieren und in saubere Flaschen abfüllen, kühl stellen.

„Möge dein Glas immer voll sein, und das Dach über deinem Kopf immer fest sein. Und mögest du schon eine halbe Stunde im Himmel sein, wenn der Teufel merkt, dass du tot bist.“ (Irischer Trinkspruch)

GEBACKENE BLÜTENPRACHT

Holunderblüten-Brot

DAS BRAUCHST DU:

1 Handvoll Holunderblüten, frisch oder getrocknet, ohne Stängel
500 g Dinkelmehl
250 ml Buttermilch
1/2 Würfel Hefe
1/2 TL Honig
1 TL Salz
etwas Zitronenabrieb

SO GEHT'S:

Die Blüten mit den übrigen Zutaten verkneten, den Teig 1 Stunde gehen lassen. Einen langen Brotlaib daraus formen. Den Brotlaib in eine gebutterte Form setzen, abgedeckt nochmals 1,5 Stunden gehen lassen. Im vorgeheizten Backofen bei 175 °C Umluft 40 Minuten backen. Frisch mit Butter bestrichen genießen.

Alternative:

Sollte das Brot altbacken werden, in dünne Scheiben schneiden und trocknen: als Brotchips zu Suppe, Salat, Dips oder als aromatische Knabberei ein Genuss.

Volle Heilkraft voraus
Stelle dir aus den Blüten und Beeren des Holunders eigene Hausmittel her

SCHWITZ-TEE
Holunderblüten-Tee

Rechtzeitig genügend Blüten für den Wintervorrat ernten

Wärmender und immunstärkender Erkältungstee.

DAS BRAUCHST DU:
200 ml Wasser
2 TL Holunderblüten, getrocknet

SO GEHT'S:
Das Wasser aufkochen und die Holunderblüten damit überbrühen. 5 Minuten zugedeckt ziehen lassen. Danach abseihen und noch heiß trinken. Der Tee wird auch „Schwitz-Tee" genannt.

Holler-Fee macht Holler-Tee

Immer die gesamten Holunderblütendolden ernten! Anschließend zum Trocknen aufhängen oder auf ein Papiertuch legen. Die Blüten schrumpfen beim Trocknen etwa um ein Drittel. Die Blüten abzupfen und raschel-trocken an einem dunklen, luftigen Ort aufbewahren. Sie eignen sich für viele unserer Rezepte und als feiner Aromageber für Teemischungen aller Art.

HOLLER JUCHHE – SORGEN ADE!
Holunderblüten-Bad

Mit einem entspannenden Holunderblüten-Bad haben Alltagssorgen und trübe Gedanken erst mal Pause.

DAS BRAUCHST DU:
100 g Holunderblüten, getrocknet
1 verschließbares Baumwollsäckchen
evtl. Rosenblüten oder Lavendelblüten

SO GEHT'S:
Die Blüten in das Säckchen füllen und, während das Wasser mit Badetemperatur einläuft, in die Wanne hängen oder legen. Wer es sinnlich mag, lässt die Blüten frei herumschwimmen und mischt Rosen- oder Lavendelblüten dazu.

FITNESS FÜR DIE FÜSSE

Erfrischendes Holunderblüten-Fußbad

DAS BRAUCHST DU:

8 Holunderblüten, frisch
1 l Wasser

SO GEHT'S:

Das Wasser aufkochen und die Holunderblüten übergießen, 10 Minuten zugedeckt ziehen lassen. Blüten abseihen und kaltes Wasser in die Fußwanne nachfüllen, bis die Temperatur angenehm ist. Die müden Füße mindestens 5–10 Minuten im Wasser etwas auf und ab bewegen, wer mag auch länger. Füße sorgfältig abtrocknen und mit voller Zuwendung die Füße eincremen.

Das erfrischende und gleichzeitig hautstärkende Fußbad mit Holunderblüten wirkt an heißen Sommertagen kühlend und abschwellend für die Füße.

Cool für heiße Füße: Holler-Fußbad

HOLUNDER-WÄRMEWUNDER

Holunder-Erkältungstrunk

Wärmt Körper und Seele

Kommst du durchgefroren von draußen oder fröstelst du bereits innerlich, bringt dieser dunkle, vitaminreiche Saft dein Immunsystem in Schwung. Holundersaft und Ingwer durchwärmen dich auf natürliche Weise, Vitamine unterstützen die Heilungsprozesse.

DAS BRAUCHST DU:

7 g Ingwer, frisch und in Scheiben geschnitten
1/2 l Holundersaft
100 ml Sanddornsaft, alternativ Orangensaft
2–3 TL Honig
1 gute Prise Zimt

SO GEHT'S:

Den Ingwer in den Holundersaft geben und mindestens 15 Minuten durchziehen lassen. Alles erhitzen, vor dem Servieren mit Sanddornsaft mischen und mit Honig süßen. Zusätzlich wärmend und wohlschmeckend ist eine großzügige Prise Zimt. Warm trinken und erleben, wie sich wohlige Wärme ausbreitet.

Aromawasser

Wenn Wasser gut schmeckt, fällt es leicht, so viel zu trinken, wie unser Körper benötigt. Dazu braucht man nur Leitungswasser und gewaschenes, zerkleinertes Obst, Gemüse, Kräuter oder Blüten wie Holunderblüten. Nach zwei bis drei Stunden Ziehdauer gelangen Aroma, Vitamine und Mineralstoffe ins Wasser und reichern es an. So ergeben sich fruchtige, belebende und erfrischende Getränke. Ein „infused water" oder ein Aromawasser sollte immer frisch zubereitet werden, gekühlt sein und nicht länger als einen Tag stehen. Wer sich zum Vieltrinker entwickelt, kann den Ansatz über den Tag verteilt wieder mit Wasser auffüllen. Ausprobieren und Zutaten ganz nach Geschmack und Saison wählen!

Hildegard Riedmair

Was genau jede von uns dazu bewegt hat, ein Buch über Wildkräuter zu veröffentlichen, kann ich nicht sagen. Aber meine Tür kann ich öffnen und erzählen:

Der Garten meiner unbeschwerten Kindheit lag am Stadtrand von Dachau. Kurz nach meiner Ausbildung zur Krankenschwester reiste ich für mehrere Monate nach Asien. Das führte mich damals schon an rituelles Räuchern und Meditationstechniken heran. Wieder zurück in Bayern, lernte ich in der ambulanten Hauskrankenpflege den fachgerechten Umgang mit ätherischen Ölen und überlieferten Pflanzenanwendungen kennen und schätzen. Ich heiratete in einen landwirtschaftlichen Betrieb mit Milchvieh ein und bekam zwei wunderbare Söhne. Die ernsthafte Absicht, Reittherapeutin zu werden, wurde ausgerechnet durch einen schweren Reitunfall jäh beendet. Ich musste mein Leben neu ausrichten. Das Pflanzenvolk erhielt fortan meine volle Aufmerksamkeit.

2008 qualifizierte ich mich zur Kräuterpädagogin. Seitdem setze ich gesammelte Früchte und Kräuter zu Likören und Spezialessigen an. Die selbst abgefüllten Produkte verkaufe ich ab Hof oder auf Märkten.

Zudem führe ich Jung und Alt mit allen Sinnen durch Wald und Flur. Dabei vermittle ich Wissen über Pflanzen, zugleich erkläre ich kulinarische Verwendung und ökologische Zusammenhänge. Gewürzt wird alles mit Mythologie und altüberlieferten Bräuchen. Durch die gemeinsamen Führungen mit der Heilpraktikerin Angelika Franke dreht es sich jetzt zusätzlich noch um Naturheilkunde. Bei meinen Räucherworkshops stelle ich traditionelle und heimische Räucherkräuter vor und jeder erschnuppert dabei seine Lieblingsdüfte.

Mit Freude beim Kochen

Zu diesem Buch führten uns genau genommen die Kräuter zusammen. Und trotz aller Freude und dem Spaß an den Pflanzen und auch miteinander bedeutete das nicht immer die heile Welt. Aber aufmerksames Zuhören und Nachfragen bauten mehr als einmal eine Brücke des Verstehens. So lernten wir voneinander und wurden richtige Kräuterverbündete. Neue Rezepte zu probieren, war öfter ein Genuss als umgekehrt und erweiterte mein Kräuterkochrepertoire. Ernährungstipps fielen bei mir auf fruchtbaren Boden, und so bin ich jetzt glückliche Besitzerin einer Getreidemühle. Außerdem schreibe ich als freie Autorin Artikel für die Zeitschrift Naturapotheke. Es erfüllt mich mit Freude, meine Pflanzenbegeisterung zu teilen. Dieses Werk animierte mich zudem zur Fotografie und dabei eröffnen sich mir neue Dimensionen des Schauens.

Ich danke herzlich meiner Familie und allen freundlichen Menschen, die meine Projekte unterstützen und begleiten. Ich bleibe freudig gespannt auf die Wunder der Natur und was das Leben noch Interessantes für mich bereithält. Euch, lieben Lesern, wünsche ich viel Vergnügen beim Lesen und Ausprobieren.

Wenn du dich für mich und meine Arbeit interessierst, schau doch mal auf meine Homepage:
www.unkraut-wildkraut.de

Ununterbrochen mit Kräutern beschäftigt

Pferde sind mir schon immer nah

Kornelkirsche

Die Dirndlkönigin, eine herbe Schönheit

Im Frühling leuchten meine zartgelben Blütenkrönchen weit übers Land. Geschützt unter meinem dunkelgrünen Blätterkleid reifen meine Früchte heran, die mich im Herbst purpurrot erstrahlen lassen. Meinen starken Willen zeige ich dir durch mein hartes Holz und meinen kraftvollen Austrieb.

So heiße ich

Landläufig bezeichnen die Menschen mich als Kirsche, doch ich bin gar keine. Meine Frucht, die Kornelle, sieht einer Kirsche nur sehr ähnlich. Botanisch wurde mir der Name *Cornus mas* L. zuteil. Das lateinische „cornus“ bedeutet Horn, dies steht symbolisch für mein hartes Holz und „mas“ übersetzt man mit männlich. Ob daher wohl die Redensart kommt: „Der ist aus hartem Holz geschnitzt“?

Meine Spitznamen

Im deutschen Sprachgebrauch gibt es viele Namen für mich. Vielleicht kennst du mich als Herlitze, Dürlitze, Dirlitze, Korlesbaum, Hornbaum, Elschkirsche, gelben Hartriegel oder gar als Hahnenhoden. Die Schweizer nennen mich Tierlibaum. Im Österreichischen bin ich als Dirndlstrauch und meine Früchte als Dirndln bekannt.

We are family

Ich gehöre zu den Hartriegelgewächsen, botanisch *Cornaceae.* Einige meiner Verwandten, wie der Weiße Hartriegel und der Rote Hartriegel, tragen weiße oder blauschwarze Früchte, die sich aber nicht gut zum Verzehr eignen und roh leicht giftig sind. Meinen asiatischen Vetter, den Japanischen Blumen-Hartriegel, findest du nur in Parkanlagen oder in Gärten, nicht auf weiter Flur. Seine rosaroten, himbeerähnlichen Früchte kannst du essen. Aber nur meine leuchtend roten Kornelkirschen sind reif eine wahre Delikatesse. Gerne kuscheln wir Hartriegelgewächse uns in Hecken aneinander und bieten der Vogelwelt ein geschütztes Rückzugsgebiet.

Startklar trotz Frost

Hier brummt es, während sonst noch Winterschlaf herrscht

Insektentankstelle nach dem Winter

Typisch für mich

Als absoluter Frühstarter zeige ich meine zahlreichen, klitzekleinen, zartgelben Blüten bereits sehr früh im Jahr und biete damit vielerlei Insekten wichtige Nahrung. Mit meinem Blattgewand lasse ich mir noch etwas Zeit, ich will ja schließlich nicht die Einflugschneise meiner Gäste behindern. Erst nach der Blüte wächst mein robustes, dichtes Blätterdach heran. In seinem Schutz können meine länglich-ovalen Früchte bis zur dunkelroten Vollreife in Ruhe gedeihen.

Hier wachse ich besonders gern

Auf humosen, kalkhaltigen Böden fühle ich mich sehr wohl. Wenn du mich nicht stutzt, kann ich mich vom Strauch zu einem stattlichen Solitärgehölz von beachtlicher Höhe entwickeln.

Kornelkirschen kaufen

Wir empfehlen Gartenbesitzern, sich diesen robusten, ökologisch wertvollen Strauch mit den feinen Früchten selbst zuzulegen. Online ist Biokornelkirsche entsteint und getrocknet erhältlich.

Das steckt in mir

Den Beinamen „herbe Schönheit" trage ich aufgrund der Gerbstoffe, die sich reichlich in meiner Rinde und den Früchten befinden. Meine süßsauren Kornellen enthalten die Vitamine B, C und E sowie verschiedene Zucker. Zellschützende Flavonoide findest du in all meinen essbaren Pflanzenteilen.

„Wer aber diese Frucht isst, den verletzt sie nicht, denn sie reinigt den kranken und schwachen Magen. Sie ist der Gesundheit dienlich."
(Hildegard von Bingen)

Dabei helfe ich dir

Meine reifen Früchte, in Maßen roh verzehrt, können deine Verdauung regulieren. Zudem schützt dich mein hoher Vitamin-C-Gehalt vor freien Radikalen und stärkt gemeinsam mit meinen Flavonoiden dein Immunsystem. Meine Kerne lindern verpackt in einen hübschen Stoffbezug als warme Packung deine Verspannungen.

Achtung, Verwechslungsgefahr!

Mein Verwandter, der Rote Hartriegel (*Cornus sanguinea* L.) hat ähnliche Blätter wie ich, blüht aber weiß und später im Jahr. Er hat rötliche Äste und trägt im Herbst kugelrunde, blauschwarze Früchte.

Pflück mich

Auch wenn sie noch so verführerisch rot leuchten, lass dich nicht von meinen Kornellen täuschen. Sie sind erst genussreif, wenn sie dunkelrot zu Boden fallen. Je nach Region geschieht dies ab August und kann sich bis in den späten Oktober hinziehen. Am leichtesten bekommst du meine köstlichen Früchte, wenn du ein altes Leintuch unter mir ausbreitest und geduldig abwartest. Alle paar Stunden kannst du so meine leckeren Früchte einsammeln. Am besten frierst du die kleine tägliche Ernte jeweils ein, um die Kornellen später in der gewünschten Menge weiterzuverarbeiten. Bis du mich vollständig abgeerntet hast, können schon ein paar Tage oder Wochen vergehen. Aus den Dirndln lassen sich leckere Chutneys, Marmeladen und Gelees zubereiten und der Fruchtsaft eignet sich zur Herstellung von Wein, Schnaps und Likören.

Das Warten lohnt sich: reife, saftige Gesundmacher

☆ Dirndln in der Wissenschaft

Wissenschaftler sind den Wirkstoffen der Kornelkirsche auf der Spur: Studien belegen die Schutzwirkung auf den Verdauungstrakt und die Hemmung der Vitalität von Krebszellen. Großes Potenzial versprechen sich die Forscher auch bei der Bekämpfung von Antibiotikaresistenzen.

Was du sonst noch über mich wissen solltest

Schon die Steinzeitmenschen aßen meine Früchte, und zwar massenweise. Das belegen Funde meiner Kerne nahe bei Siedlungen aus der Stein- und der Bronzezeit. Mein extrem hartes und doch elastisches Holz fand schon immer vielerlei Verwendung. Odysseus baute damit angeblich seinen berühmten Bogen, den nur er spannen konnte. Drechsler, Tischler und Bildhauer schätzten meine widerstandsfähigen, knorrig verwachsenen Stämme für Gebrauchsgegenstände: Kämme, Werkzeuge, Radspeichen, Schusternägel, Messergriffe und Holzhämmer wurden daraus hergestellt. Die Färber in der Türkei färbten mit meinen saftigen, dunkelroten Früchten Wolle und verwendeten meine Borke zum Gerben. Meine Kerne wurden sorgfältig zu langen Gebetsketten, den sogenannten Rosenkränzen, aufgefädelt. Im 19. Jahrhundert lag mein Holz als Spazierstock namens Ziegenhainer total im Trend.

Das hättest du nicht von mir gedacht

Mein Holz ist so hart, dass es nicht schwimmen kann und untergeht. Ich kann hierin also locker mit der Eiche oder Eibe mithalten.

Was andere über mich sagen

Es gibt doch tatsächlich Witzbolde, die meine oft paarig hängenden Kornelkirschen mit Hahnenhoden vergleichen. Also wirklich!

Das Kornelkirschenparadies

Im Mostviertel in Niederösterreich liegt das Pielachtal. Hier ist die Kornelkirsche eine Königin, eben eine Dirndlkönigin! Seit 4000 Jahren gibt es in dieser Region den Dirndlstrauch und er erreicht stattliche Höhen von bis zu 8 Metern. Manche Exemplare sind über 400 Jahre alt, weil es ihnen auf diesen kalkhaltigen Böden mit den vielen Sonnentagen so gut gefällt. Seit Ende der 1990er-Jahre lockt das neu ernannte „Dirndltal" mit seinen 15.000 Sträuchern viele Touristen an. Alle zwei Jahre wählen die Dirndltaler eine junge, hübsche Dirndlkönigin. Deren königliches Ornat ist, wie kann es anders sein, farblich dem Dirndlstrauch angepasst – grün und purpurrot gemustert.

Wilde Küche

Folge uns mit der Kornelkirsche in eine blutrote Küchenschlacht
Alle Rezepte sind für 4 Personen, falls nicht anders angegeben

SÜSSSAURE MONGDRATZERL *(Bayerisch für Appetithäppchen)*

Kornelkirsch-Oliven

DAS BRAUCHST DU:

200–250 g fast reife Kornelkirschen
Schraubdeckelgläser
200 ml weißer Balsamico oder Apfelbalsamico
30 g Zucker oder 20 g Honig
1/2 TL Salz
2 Gewürznelken
4 Wacholderbeeren
1 Lorbeerblatt
2 Pimentbeeren
1/2 Chilischote, frisch oder getrocknet
6 Pfefferkörner
1/2 Knoblauchzehe

SO GEHT'S:

Kornelkirschen waschen, abtrocknen und in die Gläser füllen. Essig, Zucker, Salz und Gewürze kurz aufkochen, etwas abkühlen lassen, entweder abseihen oder mit den Gewürzen über die Kornellen gießen. Sie müssen vollständig bedeckt sein! Gläser verschließen und die eingelegten Kornelkirschen an einem dunklen Ort mindestens 2 Monate reifen lassen.

Wilde Antipasti

FRUCHTIG-SCHARFER DIRNDL-JODLER

Kornelkirsch-Likör mit Chili

DAS BRAUCHST DU:

500 g gewaschene, reife Kornelkirschen
200 ml kalter Kaffee
1 Vanilleschote, angeritzt
100–150 g Honig, je nach Vorliebe
1 l Doppelkorn
1 Gefäß mit großer Einfüllöffnung und einem Fassungsvermögen von 2–3 l
1 Chilischote, gewaschen, mittelscharf nach persönlicher Feuerlust

SO GEHT'S:

Die Kornelkirschen mit allen Zutaten außer der Chilischote in das Gefäß geben. An einem zimmerwarmen Ort stehen lassen, den Inhalt ab und zu leicht bewegen. Nach 5 Wochen die Chilischote zugeben und 7–10 Tage ziehen lassen. Mit Honig abschmecken und nach Belieben die Chilischote entfernen oder noch länger drin lassen. In dekorative Flaschen abseihen und noch mindestens 4 Wochen reifen lassen.
Die Spirituose besticht durch die leuchtend rote Farbe und ist anregend scharf.

„Haut di viare!"
(Bayerisch fur: „Bringt dich echt vorwarts!")

Ein Muss für Chilifreunde

Nicht vergessen die Chilischote zu entfernen, sonst ist der erste Jodler beim Probieren schon garantiert!

Das i-Tüpferl:
Die entkernten, abgeseihten Likörfrüchte schmecken in den Kornelkirsch-Busserl (siehe Seite 111) einfach nur herrlich.

Akis Batzeleien

Meine ersten Versuche, Kornelkirschkerne mit den Fingern vom Fruchtfleisch zu lösen, scheiterten daran, dass das Wildobst zwar schon rot, aber noch zu fest war. Trotzdem probierte ich es mit einem scharfen Küchenmesser, aber da blieb zu viel Fruchtfleisch am Kern hängen. Ein Zwetschgen- oder Kirschkern-Entferner brachte mich auch nicht weiter. Schließlich habe ich die Kornellen so lange weich gekocht, bis ich sie durch ein Sieb passieren konnte. Die Kleckerei in der Küche bleibt mir in „bester" Erinnerung, denn an allen Küchengeräten pappte hartnäckig das Mus. Aber Versuch macht klug: Künftig werde ich nur noch vollreife, dunkelrote, weiche Kornelkirschen verwenden.

Besser geht es, wenn man tiefgefrorene Kornelkirschen auftauen lässt. Sie sind dann schön weich und lassen sich mit der Hand gut vom Kern lösen. Für ein Kilo braucht man dafür etwa eine halbe Stunde. Lieblingsmusik einschalten und per Hand fieseln, das bringt viel Meditatives mit sich.

Beim Auftauen werden die Früchte weich und lassen sich leichter verarbeiten

Ein bisschen aufwendig, aber es lohnt sich

ROTE VERFÜHRUNG

Buchweizen-Torte mit Kornelkirschen

Torte mit äußeren und inneren Werten

DAS BRAUCHST DU:

Für den Teig

4 Eier
120 g Honig
abgeriebene Schale von 1/2 Zitrone
2 EL warmes Wasser
180 g Buchweizen, fein gemahlen
1 TL Backpulver

Für die Füllung

500 g Kornelkirschen
150 g Honig
500 ml süße Sahne
4 cl Kornelkirsch-Likör

SO GEHT'S:

Zuerst die Eier trennen. Die Eigelbe mit Honig, Zitronenabrieb und Wasser so lange rühren, bis eine cremige Masse entsteht. Buchweizen mit dem Backpulver mischen und unter die Eigelbmasse rühren. Nun das Eiweiß steif schlagen und vorsichtig unterheben.
In eine gebutterte Springform (Ø 26 cm) füllen und bei 180 °C Umluft ca. 30 Minuten backen. Kornelkirschen waschen und mit sehr wenig Wasser etwa 4–5 Minuten aufkochen. Durch ein Sieb passieren, mit Honig süßen und abkühlen lassen. Die Sahne steif schlagen.

Den abgekühlten Teigboden mit einem langen Messer zweimal durchschneiden. Auf dem unteren Boden die Hälfte des Fruchtmuses verteilen, die zweite Teigplatte darauflegen und diese mit dem Likör beträufeln. Die andere Hälfte des Fruchtmuses mit der steif geschlagenen Sahne vermischen. Den getränkten Boden mit der Hälfte dieser Fruchtsahne bestreichen. Darauf den dritten Teigboden platzieren. Die ganze Torte mit der restlichen Kornelkirsch-Sahne bestreichen.

Das i-Tüpferl:
Die rote Verführung mit Fruchtleder dekorieren (siehe Seite 166).

EISKALT GESCHLÜRFT, GERÜHRT, GELÖFFELT

Kornelkirsch-Sorbet

Zu festlichen Banketten reichte man in vergangenen Jahrhunderten zwischen Fisch- und Fleischgang Sorbet. Klassischerweise ein Zitronensorbet, das die Geschmacksnerven neutralisieren und die Verdauung anregen soll. Das heute mehr als Dessert bekannte Sorbet kommt aus der orientalischen Küche. Scherbet nannte man dort ein süßes, erquickendes Getränk aus gefrorenem Fruchtsirup, das eher geschlürft als getrunken wurde. Ein veraltetes deutsches Wort dafür ist Scherbett, in Italien heißt es Sorbetto und in Frankreich Sorbet. Die Zutaten können variieren, doch allen gemein ist das unvergleichliche Geschmackserlebnis eisgekühlter Früchte.
In der türkischen Küche stellt man heute noch ein Sherbet her. Dafür kocht man Kornelkirschen mit Wasser und Zucker auf. Mit kaltem Wasser aufgegossen, ergibt es ein erfrischendes Getränk. In der Eismaschine verwandelt sich Kornelkirschmus mit seiner intensiven roten Farbe und Aromen, wie nur die Natur sie bieten kann, zu einem Erlebnis für den Gaumen.

DAS BRAUCHST DU:

500 g Kornelkirschen
250 ml Wasser
150 ml Weißwein
50–100 g Agavendicksaft

SO GEHT'S:

Gewaschene und geputzte Kornelkirschen mit Wasser und Wein etwa 30 Minuten weich kochen. Passieren, nach Geschmack mit dem Agavendicksaft süßen und pürieren. Abkühlen lassen und in eine Eismaschine geben.
Alternativ das Fruchtmus in einer flachen Schale 2 Stunden frosten und noch einmal pürieren. 1 weitere Stunde gefrieren lassen und die Masse immer wieder umrühren. Durch das regelmäßige Auflockern bilden sich keine Eiskristalle und das Sorbet wird schön cremig.
Als Dessert zügig servieren oder für einen festlichen Sommerdrink eine Kugel Sorbet in ein Glas Sekt oder Champagner geben. Salute!

Eiskalte Gaumenfreude

SCHNEEWEISSCHEN UND ROSENROT

Dirndl-Grütze mit Eischnee-Nockerl

DAS BRAUCHST DU:

125 ml Dirndlsaft (Saftherstellung siehe Seite 108)
7 g Speisestärke
1 EL kaltes Wasser
50 g Honig
125 g Kornelkirschen, entkernt
1 EL Kornelkirsch-Likör (siehe Seite 106)
2 Eiweiß
1 EL Vanillezucker

SO GEHT'S:

Für die Grütze

Dirndlsaft unter Rühren zum Kochen bringen. Speisestärke mit kaltem Wasser anrühren und zum heißen Saft geben. Honig, Kornelkirschen und Likör zufügen und alles noch mal kurz aufkochen lassen.

Für die Nockerl

Eiweiß mit Vanillezucker verrühren, dann steif schlagen. Wasser in einem Topf zum Kochen bringen und mit einem Teelöffel vom Eischnee Nockerl abstechen. Topf von der Platte nehmen. Eischnee-Nockerl in das kochend heiße Wasser setzen und gut 5 Minuten zugedeckt dämpfen. Sobald sie fest sind, sind sie fertig.

Auf einem schönen weißen Teller einen handtellergroßen Spiegel aus Grütze ausstreichen und die Eischnee-Nockerl locker draufsetzen.

Alternative:
Falls du keine Kornelkirschen zur Hand hast, kannst du auch auf Holunderbeeren oder andere Beeren zurückgreifen!

Weiß wie Schnee, rot wie Blut

KORNELKIRSCHEN-JOGHURT

Aus Milch mach Joghurt mit einem Kornelkirschenzweig

Das in den Zweigen enthaltene Bakterium Lactobacillus delbrueckii subsp. bulgaricus verwandelt die Milch.

DAS BRAUCHST DU:

1 Kornelkirschenzweig, grün, etwa 12 cm lang
1 Joghurtbereiter, alternativ
1 Topf mit Deckel
80 ml Roh- oder Frischmilch
1 Thermometer
1 sauberes Glas

SO GEHT'S:

Den Zweig kurz abbrausen und abtrocknen. Joghurtbereiter bzw. Backofen vorwärmen. Milch in einem Topf auf 50 °C erwärmen. Den Kornelkirschzweig in ca. 3 cm lange Stücke schneiden, diese ins Glas legen. Milch auf 38 °C abkühlen lassen und langsam ins Glas gießen. Darauf achten, dass alle Zweigstückchen komplett mit Milch bedeckt werden. Glas in den Joghurtbereiter stellen und etwa 24 Stunden warten. Ohne Joghurtbereiter den Ansatz alternativ in einem Topf in ein handwarmes Wasserbad stellen, mit einem Deckel abdecken und im leicht temperierten Ofen (ca. 38 °C) 24 Stunden ruhen lassen. Sobald die Milch angedickt ist, den Joghurt kalt stellen und die Zweigstückchen herausfischen.

KORNELLEN-MARMELADE

Kornelkirsch-Aufstrich

DAS BRAUCHST DU:

500 g Kornelkirschen
50 ml Rotwein, alternativ roter Traubensaft
1/4 Zimtstange
1/2 Päckchen Bourbonvanillezucker
Gelierzucker

SO GEHT'S:

Alle Zutaten bis auf den Gelierzucker in einen Topf geben. Kornelkirschen weich kochen, die Zimtstange entfernen und die Masse durch ein Sieb passieren. Fruchtmark wiegen und mit der entsprechenden Menge Gelierzucker nach Packungsanleitung kochen und heiß in sterilisierte Gläser abfüllen.

Feinherbe Brotzeit

Das i-Tüpferl:
Die Marmelade mit der feinen, fruchtigen Säure passt gut auf ein frisches Brot, zu Käse, Rindfleisch und Wild.

KORNELKIRSCH-BUSSERL

Feine Kornelkirsch-Plätzchen

DAS BRAUCHST DU:

200 g Kornelkirschen, entkernt und grob gehackt
200 g Butter
100 g Haselnüsse, geröstet und fein gerieben
100 g Mandeln, fein gehackt
150 g Rohrzucker
200 g Buchweizenmehl
1 Msp. Vanillepulver
etwas Puderzucker

SO GEHT'S:

Einen Teig aus allen Zutaten kneten und diesen 2 Stunden im Kühlschrank ruhen lassen. Aus dem Teig kleine Kugeln formen, diese auf ein mit Backpapier belegtes Backblech setzen. Im vorgeheizten Ofen bei 180 °C Umluft etwa 15 Minuten backen. Nach dem Auskühlen mit Puderzucker bestäuben.

Das i-Tüpferl:
Dieses Rezept ist eine feine Verwertung der Früchte nach der Herstellung von „Dirndl-Jodler“ (siehe Seite 106).

Volle Heilkraft voraus

Ob Frucht, Kern, Zweig oder Blatt,
die Kornelkirsche kann dir dienen

In der Volksheilkunde findet die heimische Kornelkirsche vielseitige Verwendung. Hildegard von Bingen (1098–1179 n. Chr.) empfahl ein Bad aus Rinde, Holz und Blättern gegen Gicht. Die Frucht verwendete sie bei Magenleiden und Entzündungen des Dickdarms.

Aha, so ist das!

Vor dem Essen in kleinen Mengen eingenommen unterstützt der Essig das Gleichgewicht der Darmbakterien, sorgt so für eine gute Verdauung und hemmt damit Fäulnisprozesse. Apfelessig enthält von Natur aus reichlich Mineralstoffe und Spurenelemente. Durch das Einlegen der frischen Früchte lösen sich zusätzlich deren Gerbstoffe, Flavonoide und Vitamine im Essig und bereichern ihn.

DIRNDL-APERITIF

Kornelkirsch-Essig

DAS BRAUCHST DU:

400–500g reife Kornelkirschen
Rosmarin, getrocknet
Bohnenkraut, getrocknet
1 Schraubglas mit 1 l Fassungsvermögen, mit weiter Öffnung
500 ml Apfelessig
60–70 g Honig

SO GEHT'S:

Gereinigte Kornelkirschen und Kräuter in das Glas geben. Mit Apfelessig aufgießen und mit Honig süßen. Um Schimmel zu vermeiden, sollten alle Bestandteile mit Essig bedeckt sein. Mindestens 6 Wochen bei Zimmertemperatur ziehen lassen, dabei gelegentlich aufschütteln. Anschließend abseihen, in Flaschen abfüllen und beschriften. Vor dem Genuss noch 14 Tage ruhen lassen. 1 TL des Essigs vor dem Essen im Mund „zergehen" lassen und 30 Sekunden nicht schlucken. Für einen ganz kurzen Moment steht der Essiggeschmack im Vordergrund, dann kommt es zur erwünschten Speichelbildung. Die Geschmacksknospen werden sensibilisiert und jedes gute Essen wird zu einem Aromafeuerwerk.

Das i-Tüpferl:
In dekorativen Fläschchen mit guten Wünschen und der Genussanleitung hübsch beschriftet ist der Kornelkirschen-Essig ein gesundes Mitbringsel. Er schmeckt auch als Gourmetessig im Salat.

Da läuft dir das Wasser im Mund zusammen

LAUWARMER SEELENTRÖSTER ODER KÜHLENDE AUFLAGE

Kornelkirschkern-Kissen

Kerne-Kissen speichern hervorragend Wärme wie auch Kälte und schmiegen sich sehr gut an den Körper an. Bei Zahnweh, Zerrungen, Blutergüssen, Arthrose oder Muskelschmerzen lindern sie als Auflage vielseitige Beschwerden.

DAS BRAUCHST DU:

ca. 250–500 g Kornelkirschkerne, je nach Kissenbezug
1 kleiner Kissenbezug

SO GEHT'S:

Das Fruchtfleisch von den Kernen entfernen und für ein anderes Rezept verwenden. Die Kerne in einem Sieb waschen und in der Sonne trocknen lassen. Die trockenen Fruchtfleischreste abrubbeln. Die gesäuberten Kerne in einen kleinen Kissenbezug aus Baumwolle füllen.

Für eine Kältebehandlung: Kerne-Kissen 10–15 Minuten in das Eisfach legen.
Für eine Wärmebehandlung: Kerne-Kissen im Backofen bei 80 °C Ober-/Unterhitze ca. 15 Minuten erwärmen.

Achtung!
Bei Überhitzung können Bezug oder Kerne zu brennen anfangen! Vor dem Auflegen des Wärmekissens die Temperatur auf der empfindlichen Innenseite des Unterarms prüfen.

Aus wärmebeständigen Stoffen, wie Baumwolle oder Leinen, kannst du mit etwas Geschick selbst eine Hülle für dein Kerne-Kissen anfertigen

Löwenzahn

Der Sonnyboy

Ich bin der Löwenzahn! Als Sonnyboy unter den Wildkräutern recke und strecke ich selbstbewusst meine sonnengelben Blüten dem Himmel entgegen. Ich strotze nur so vor Vitalität, mein Leben ist cool und easy! Alle Unbilden der Natur meistere ich mit Ausdauer, Kraft und Anpassungsfähigkeit.

So heiße ich

Ich bin der Wiesen-Löwenzahn, *Taraxacum* sect. *Ruderalia* Kirschner, H. Ollg. & Stepanek. Früher war ich unter dem botanischen Namen *Taraxacum officinale* agg. bekannt. Ich führe den ehrwürdigen Namen einer alten Heilpflanze. Der Ursprung des Worts „taraxacum" ist noch immer nicht so ganz geklärt, doch bereits um 1000 n. Chr. nannte der arabische Arzt Avicenna mich so. „Taraxacum" steht in Verbindung mit der späteren Namensgebung meines Bitterstoffes Taraxin und officinale heißt frei übersetzt in der Apotheke erhältlich.

Meine Spitznamen

Landauf, landab bin ich bekannt wie ein bunter Hund! Ich will ja nicht angeben, aber durch meinen hohen Bekanntheitsgrad habe ich Hunderte von volkstümlichen Namen bekommen! Hier nur ein paar Beispiele: Pfaffenröhrlein, Pusteblume, Butterblume, Kuhblume, Saubleaml oder Hundsblume. Wegen meiner harntreibenden Wirkung bezeichnen mich die Franzosen als „pissenlit", was hierzulande zu so wunderbaren Namen wie Bettpisser und Brunzbleame führte. Mein englischer Trivialname „dandelion" spielt auf die Form meiner Blätter an und ist eine Verballhornung des französischen „dent de lion" (Zahn des Löwen).

We are family

Als Korbblütler gehöre ich zu einer der größten Pflanzenfamilien Europas, den *Asteraceae*.

Der Aufbau unserer Blüten zeichnet uns aus. Sie bestehen aus Röhren- und Zungenblüten, wie etwa bei Gänseblümchen, Ringelblume und Schafgarbe, nur aus Röhrenblüten, wie beim Rainfarn, oder ausschließlich aus Zungenblüten, so wie bei mir. Sie öffnen sich alle von außen nach innen.

Löwenzahnblüten öffnen sich von außen her

Typisch für mich

Das, was du für meine Blüte hältst, besteht aus einem ganzen Korb voll sonnengelber, strahlenförmig angeordneter Zungenblüten. Genau genommen sind es bis zu 400 Einzelblüten! Zusammen bilden sie den perfekten Landeplatz für nektarhungrige Insekten! Meine Samen (Achänen) überlasse ich ausgestattet mit einem Flugschirmchen (Pappus) zur Verbreitung dem Wind. Meine Laubblätter bilden eine grundständige Rosette. Sie sind eiförmig bis lanzettlich und mehr oder weniger stark gelappt, eingeschnitten und gezähnt mit einem großen Endabschnitt. Meine Erkennungsmerkmale sind der hohle Stiel des Blütenstands und weißer Milchsaft in allen Pflanzenteilen.

„Kein Bienchen weit und breit,
kein Schmetterling für mich
und Nachbar Mohn?
– Keep cool, sag ich mir nur
und mach mir einen Klon!
Und kommt es dann noch
schlimmer?
– Alles easy, denk ich mir –
ein Mutant geht immer!“
(Rita Demmel)

Mich kann keine Biene übersehen

Löwenzahn-Mandala

Zarte Schirmchen mit wertvoller Fracht

Pusteblume

Hier wachse ich besonders gern

Ich bin ein Meister der Anpassung! Eine Wiese ist perfekt für mich, doch es geht auch anders. Als Tiefwurzler (bis zu 2 m!) und Pionierpflanze bin ich nicht anspruchsvoll, und wenn es darauf ankommt, sprenge ich sogar Asphalt für einen Platz an der Sonne! Bekomme ich viel Dünger, übernehme ich die Vorherrschaft über die Wiese und speichere sehr viel Nitrat. Bin ich der Einzige, der dann noch auf der Wiese blüht, tauge ich nicht mehr für die Küche.

Selbst kleine Ritzen reichen mir zur Entfaltung

Das steckt in mir

Meine Bitterstoffe stärken deinen Organismus, indem sie deinen Stoffwechsel in Schwung bringen. Ich habe so viel Power, davon kann ich dir gerne was abgeben!

In der Phytotherapie werden auch meine Flavonoide, Carotinoide, Magnesium, Phosphor, Eisen, Kieselsäure, die Vitamine B, C, D, K und das Kalium geschätzt. Meine Wurzel enthält Inulin. Diabetikern dient Inulin als Glucose-Ersatz, da es vom Dünndarm nicht aufgenommen wird. Menschen fehlt dafür das passende Enzym.

Milchsaft

Mein weißer Milchsaft oxidiert an der Luft zu Gummi und verklebt Larven und Käfern ihre Mundwerkzeuge, wenn sie mich anknabbern! Du kannst dir mit dem klebrigen Saft ein Gänseblümchen als Ohrring ankleben oder ihn als Zaubertinte nutzen! Fällt Sonnenlicht auf die Tinte, wird sie sichtbar.

Ich bin stark wie ein Löwe

Dabei helfe ich dir

Meine positive Wirkung auf die Entgiftungsorgane Leber und Nieren waren deinen Vorfahren schon vor Jahrhunderten bekannt. Eine alte Volksweisheit besagt „Bitter macht das Herze froh!" Du kannst also auf mich vertrauen, wenn dir mal eine Laus über die Leber gelaufen ist. Die Bitterstoffe meiner Blätter und Wurzeln kurbeln deinen Stoffwechsel an, indem sie Gallensekretion, Harnausscheidung und Verdauung fördern. Das hebt die Stimmung und lindert die Beschwerden bei Gicht und rheumatischen Erkrankungen. Das Vitamin K ist für die Blutgerinnung essenziell und unterstützt die Einlagerung von wichtigen Mineralstoffen in den Knochen.

Immer locker bleiben

Geschlechtlich oder ungeschlechtlich (über Wurzelteilung oder Agamospermie), ich bin, je nach Standort und Möglichkeiten, bei der Fortpflanzung sehr flexibel! Kein Wunder also, dass es so viele von mir gibt!

Achtung, Verwechslungsgefahr!

Viele Pflanzen aus der Gattung *Taraxacum* sehen mir zum Verwechseln ähnlich, auch die ebenfalls Löwenzahn genannten Arten aus der Gattung *Leontodon* sowie das Gewöhnliche Ferkelkraut (*Hypochaeris radicata*). Doch du kannst mich zuverlässig erkennen an meinem hohlen Blütenstandstiel und dem weißen Milchsaft!

Pflück mich

Vom Blatt bis zur Wurzel und sogar die Blüte, alles kannst du von mir verwenden! Im zeitigen Frühjahr fängst du mit meinen noch zarten Blättern an. Wenn sie dir zu bitter sind, stülpe vor der Ernte für ein paar Tage einen Becher über meine Blattrosette oder spüle die gepflückten Blätter lauwarm ab. Als Nächstes kommen dann meine Knospen und Blüten auf deinen Tisch und im Herbst kannst du dich an die Ernte meiner Wurzeln machen!

Übrigens: Vor über 2000 Jahren hat der griechische Arzt Hippokrates gesagt: „Eure Nahrungsmittel sollen eure Heilmittel sein und eure Heilmittel sollen eure Nahrungsmittel sein!" Der hatte damals schon den vollen Durchblick!

Leaf to Root, alles kannst du verarbeiten

Was du sonst noch über mich wissen solltest

Es wird gemunkelt, dass Leonardo da Vinci Ende des 15. Jahrhunderts, vermutlich nach dem Vorbild meiner Flugschirmchen, einen Fallschirm konstruiert hat. Auf der von Manuela Pfrunder entworfenen Schweizer 50-Franken-Note Serie 2016, ist auf der Vorderseite eine von einer Hand gehaltene Pusteblume abgebildet.

Das hättest du nicht von mir gedacht

Zu meiner Familie gehört auch der Russische Löwenzahn (*Taraxacum kok-saghyz*). Er ist für Wissenschaft und Industrie als Produzent von Kautschuk interessant, als heimische Alternative zum tropischen Kautschukbaum. Der Reifenhersteller Continental hat aus Löwenzahn-Kautschuk 2015 bereits die ersten Autoreifen produziert. Für ihre Studien und die Anwendungen aus Russischem Löwenzahn erhielten die Forscher 2015 den Joseph-von-Fraunhofer-Preis. Kautschuk braucht man überwiegend für die Herstellung von Autoreifen, aber auch für Handschuhe, Luftballons, Gummistiefel, Babyschnuller etc.

Löwenzahn-Orakel

Wie zaubert man ein Lächeln auf die Gesichter? Mit dem Pusteblumen-Orakel: Schaffst du es, alle meine Flugschirmchen mit einmal Pusten zum Fliegen zu bringen? Dann bist du ein Glückskind und hast einen Wunsch frei!
Bist du ein Engelchen oder ein Teufelchen? Beim Teufelchen sieht man einen schwarzen Fleck auf dem Blütenboden, beim Engelchen nicht.

Engelchen oder Teufelchen?

Was andere über mich sagen

Einen schönen Vers über mich hat Hildegard gedichtet:

„Du kleiner König Löwenzahn,
ach, wollt' ich dir begegnen,
was müsst' ich dafür tun?
In deine Augen sehen und
nicht gleich wieder ruh'n?
An deinen Wurzeln knabbern,
dich zärtlich einverleiben.
Könn'st Gutes du mir tun?
Dann käm' in mich Bewegung,
ganz innen in mir drin.
Das Feuer deiner Kraft – in
Wurzel, Blüt' und Saft
Gehört nun mir – und wirkt.
(Hildegard Riedmair)

Löwenzahn-Meditation

Leg dich doch mal zu mir in die Wiese und wir machen eine kleine Meditation à la Löwenzahn:

Erdung

Meine Wurzel kann sehr lang werden! Mit ihr bin ich bestens verankert und hole mir bei Trockenheit Wasser und Nährstoffe aus der Tiefe. Ich bin tief in der Erde verwurzelt!

Lebenskraft

Selbst im blütenlosen Einheitsrasen werde ich nicht müde, zu keimen und meine gelben, sonnengleichen Zungenblüten dem Himmel entgegen zu recken! Ich sprenge sogar Asphalt! Ich habe pure Lebenskraft!

Regeneration

Bei Verletzung meiner Blattrosette kann ich mich aus der Wurzel heraus regenerieren und bilde dann statt einer sogar mehrere neue Blattrosetten. Ich erschaffe mich immer wieder neu!

Vertrauen

Meine wertvollen Samen vertraue ich meinen unbeschreiblich zarten Flugschirmchen an. Ich entlasse das Kostbarste, das ich besitze, vertrauensvoll und zuversichtlich in die Welt hinaus!

Loslassen

Habe ich alle meine Samen mit ihren Flugschirmchen entlassen,
recke ich mein Köpfchen kahl, aber dennoch stolz, der Sonne entgegen.
Ich bin ein Teil des immerwährenden Kreislaufs der Natur!

Wilde Küche

Für diese Rezepte musst du nicht lange suchen und sammeln gehen,
denn Löwenzahn wächst überall
Alle Rezepte sind für 4 Personen, falls nicht anders angegeben

FRÜHLINGSERWACHEN

Löwenzahn-Salat mit Ei

DAS BRAUCHST DU:

8 junge Löwenzahn-Blattrosetten
4 Eier, hartgekocht, in Achtel geteilt
1 EL Zitronensaft
1 EL Honig
Salz
1 TL Dijonsenf
1 EL Olivenöl
8 Walnusskerne, grob gehackt

SO GEHT'S:

Die Löwenzahn-Blattrosetten mit dem Wurzelansatz ausstechen, gut waschen und putzen. Den Wurzelansatz nicht abschneiden, sonst fällt die Blattrosette auseinander! Blattrosetten und Eier auf 4 Tellern anrichten. Für das Dressing Zitronensaft und Honig mit Salz und Senf verquirlen, Olivenöl zugeben und gut verrühren. Dressing über den Salat träufeln und die grob gehackten Walnusskerne darüber streuen.

Start in die Frühlingssaison

BITTERSÜSSER SOMMERSALAT

Löwenzahn-Pflaumen-Salat

DAS BRAUCHST DU:

50 g Löwenzahnblätter und einige Blüten für die Garnitur
50 g Karotten
1 kleine Salatgurke
2 große Pflaumen
2 EL weißer Balsamico
Salz
Pfeffer
1 1/2 EL Löwenzahnblüten-Sirup (Löwenzahn-Honig)
2 EL Olivenöl

SO GEHT'S:

Löwenzahnblätter, Gemüse und Obst waschen und putzen. Karotten in Stifte schneiden, Gurke in feine Scheiben hobeln. Pflaumen halbieren, entkernen, in feine Scheiben schneiden. Löwenzahnblätter mundgerecht zerkleinern, alles in eine Schüssel geben und vermengen. Essig, Salz, Pfeffer, Löwenzahnblüten-Sirup und Öl zu einer Vinaigrette verrühren, über den Salat geben und unterheben.
Den Salat auf Teller portionieren und mit Löwenzahnblüten garniert servieren.

KNOSPEN-DREIERLEI

Variationen von Löwenzahnknospen

DAS BRAUCHST DU:

Für die Butterknospen

1 Handvoll Blütenknospen, geschlossen
etwas Butter
Kräutersalz

Für die Blütenknospen süßsauer

1/2 Tasse Apfelgelee
1/2 Tasse Apfelsaft
1/2 Tasse Apfelessig
2 Gewürznelken
1 Handvoll Blütenknospen, geschlossen

Für die Löwenkapern

2 Handvoll Blütenknospen, geschlossen
1 Handvoll Steinsalz

Butterknospen mögen auch Kinder

Heimische Kapern

SO GEHT'S:

Butterknospen:
Die Knospen säubern und mit Butter und Kräutersalz in der Pfanne anbraten. Anschließend warm als Topping über Bratkartoffeln, Nudeln, Reis oder Salat servieren.

Blütenknospen süßsauer:
Gelee, Saft und Essig mit 2 Gewürznelken aufkochen. Eine Handvoll geschlossene Blütenknospen zugeben und 3 Minuten simmern lassen. Alles heiß in ausgekochte Gläser füllen. Die Knospen sollten komplett mit Sud bedeckt sein. 3 Wochen ziehen lassen. Die Knospen passen wunderbar zu einem sommerlichen Buffet.

Löwenkapern:
Abwechselnd Löwenzahnknospen und Salz sorgfältig in ein Glas schichten. Mit einer Lage Salz abschließen und das Glas verschließen. Vor Gebrauch, frühestens nach 6 Wochen, die Knospen aus dem Salz spülen. Sie passen gut zu hart gekochten Eiern oder in einen Salat.

DANDELION'S DEEP ROOTS LIQUEUR

Löwenzahnwurzel-Likör

DAS BRAUCHST DU:

100 g Löwenzahnwurzeln, frisch und gesäubert
100 g brauner Zucker oder brauner Kandis
1 Tonkabohne, in kleine Stücke geschnitten (optional)
1/2 Vanilleschote
500 ml Wodka 40 Vol.-%
1 großes Schraubglas

SO GEHT'S:

Die Löwenzahnwurzeln waschen, klein schneiden, auf einem Backblech mehrere Tage trocknen lassen. Die Wurzeln danach ohne Fett in einer Pfanne unter ständigem Rühren rösten, bis sie hellbraun sind. Die gerösteten Wurzelstückchen mit den übrigen Zutaten in ein großes Schraubglas geben und 8–10 Wochen ziehen lassen. Möglichst täglich schütteln. Den Likör durch ein Mulltuch abseihen und in kleine Flaschen füllen.

Das i-Tüpferl:
Der Likör schmeckt hervorragend, wenn du ihn mit einem Schuss Sahne servierst.

WHITE-LIONS-COCKTAIL

Löwenzahn-Cocktail

Das passende Mix-Rezept für deinen selbst hergestellten Likör.

DAS BRAUCHST DU:

1 EL zerstoßenes Eis
25 ml Wodka
25 ml Dandelion's Deep Roots Liqueur
25 ml Sahne
1 Prise Muskatnuss, gemahlen
Löwenzahnblüte zum Garnieren

SO GEHT'S:

Das zerstoßene Eis mit Wodka, Dandelion's Deep Roots Liqueur und Sahne in einem Shaker mixen. Durch ein Barsieb in ein Cocktailglas gießen. Mit etwas Muskatnuss bestreuen und mit einer Löwenzahnblüte garnieren.

Wilder Löwe im Glas

Volle Heilkraft voraus

Frühjahrsmüdigkeit ade: Mit der geballten Power des Löwenzahns wirst du fit und munter!

SONNYBOY-SMOOTHIE

Löwenzahn-Mixgetränk

DAS BRAUCHST DU:

1 Stange Staudensellerie
1 Apfel
1 Banane, geschält
1 Handvoll Löwenzahnblätter
Zitronensaft
etwas Leinöl
Honig nach Belieben
2 Tassen Eiswürfel
Löwenzahnblüten und -blätter zum Garnieren

SO GEHT'S:

Alle Zutaten waschen, putzen, grob zerkleinern und mit einem Hochleistungsmixer (ab 30.000 U/Min.) maximal 30–45 Sekunden pürieren. Bei schwächeren Geräten Wasser statt Eiswürfel verwenden. In einem dekorativen Glas mit einer Garnitur aus Löwenzahnblüten und Blättern servieren.

Alternative:

1/3 Obst, 1/3 Gemüse mit Wildkräutern und 1/3 Eiswürfel ergeben immer eine gute Konsistenz und einen runden Geschmack. Freie Auswahl! Hauptsache es schmeckt und ist gesund! Die kurze Pürierzeit ist wichtig, da sich der Smoothie sonst erhitzt und wichtige Vitalstoffe verlorengehen. Am besten mit wenig Wildkräutern anfangen!

LÖWENZAHN-MUCKEFUCK

Kaffee aus Löwenzahnwurzeln

Jeglicher Kaffee-Ersatz, auch Malz-, Zichorien- oder Eichelkaffee, wird im Volksmund Muckefuck genannt

Koffeinfrei, stoffwechsel- und verdauungsanregend

DAS BRAUCHST DU:

2 Handvoll Löwenzahnwurzeln
Ein Backblech und ein wachsames Auge beim Rösten
Kaffee- oder Getreidemühle

SO GEHT'S:

Die Löwenzahnwurzeln mit einer Bürste von Erde befreien und waschen. In 2 cm lange Stücke schneiden und einige Tage auf einem Backblech trocknen lassen. Anschließend bei 180 °C Umluft im Ofen behutsam rösten, dabei entfaltet sich ein wunderbares Aroma in der Küche. Die Kunst besteht darin, die Wurzelstückchen zwar recht dunkel, aber nicht schwarz werden zu lassen. Zur Aufbewahrung der gerösteten Wurzeln eignet sich ein aromadichtes Schraubglas. Für eine Tasse starken Muckefuck 2 EL geröstete Wurzelstückchen in einer Kaffee- oder Getreidemühle sehr fein mahlen. Das Pulver mit kochend heißem Wasser aufgießen und so lange ziehen lassen, bis die erwünschte Kaffeebräune erzielt ist. Ausprobieren lohnt sich! Es schmeckt köstlich!

STOFFWECHSELFUNKE

Löwenzahnblüten-Sauerhonig

Heilmittel und Verfeinerung für Salate und Soßen

Anheizer für die Verdauung: Löwenzahn-Sauerhonig

DAS BRAUCHST DU:

1 Handvoll leicht aufgeblühter Löwenzahnblüten
250 ml Apfelessig (nicht pasteurisiert)
750 g naturreiner Honig

SO GEHT'S:

Die Blüten in ein sauberes Glas geben und mit Apfelessig übergießen. 1 Monat bei Zimmertemperatur stehen lassen. Die Blüten abseihen und den Blütenessig mit Honig vermischen.
Die Inhaltsstoffe der Blüten regen den Stoffwechsel an, die Essigsäurebakterien sind ausgezeichnetes Futter für die Darmbakterien. In China würde man sagen dieser Honig entzündet das Verdauungsfeuer. Trinke am besten morgens auf nüchternen Magen ein Glas lauwarmes Wasser vermischt mit 1 EL Sauerhonig.

Vom Wurzelgraben

Sobald der Winter naht, lagern Pflanzen Inhaltsstoffe in ihren Speicherorganen, z.B. der Wurzel ein, um Kraft für die kommende Wachstumsperiode zu haben. Bis zum zeitigen Frühjahr können wir uns diesen Reichtum an Vitalstoffen zunutze machen.
Um das Wurzelgraben ranken sich eigenartige Regeln. Wurzeln für heilende Zwecke mit Metall auszugraben, war früher ein Widerspruch, da Metall zur Waffenherstellung genutzt wurde. Kräuterkundige graben auch heute noch mit Holz- oder Hornwerkzeugen. Obskure Überlieferungen werden erzählt. Ob man die Wurzeln vor Sonnenaufgang, bei Vollmond oder vielleicht rituell nackt ausgräbt, dabei betet oder bittet, war und ist jedem selbst überlassen. Für uns steht heute der Artenschutz im Vordergrund – jede ausgegrabene Wurzel beendet ein Pflanzenleben. Deshalb entnehmen wir nur Wurzeln von Pflanzen, die im Überfluss gedeihen und nicht geschützt sind. Dazu gehört unser Sonnyboy, der Löwenzahn.

Jeanette Langguth

Als echtes Münchner Kindl bin ich 1964 im Herzen von München, direkt am Viktualienmarkt geboren und aufgewachsen. In besonders schöner Erinnerung sind mir die erwachenden Morgen mit ihrem geschäftigen Treiben und dem pulsierenden Marktleben.

Glücklicherweise konnte ich mich neben dem regen Stadtgeschehen auch viel in den Gärten meiner Großeltern aufhalten. Durch das Spielen in der Natur erfuhr ich deren Schönheit und Faszination und dieses wunderbare Freiheitsgefühl fesselt mich bis heute.

Als meine zwei Brüder und ich größer wurden, zogen wir in ein Einfamilienhaus am Stadtrand.

Die Pflanzen und ich, wir passen gut zusammen

Vollwertige Ernährung

Durch die Psoriasis-Erkrankung meines Vaters und der daraus resultierenden Notwendigkeit einer ausgewogenen, vollwertigen Ernährung lernte ich schon in jungen Jahren viel über die Qualität unserer Lebensmittel.

Meine Mutter verfolgte ihr Ziel, die Familie gesund zu ernähren, konsequent und liebevoll und so waren wir Kinder sehr selten krank.

Bereits als Jugendliche kam ich mit den Büchern der großen Ernährungspioniere Prof. Dr. Werner Kollath und Max Bircher-Benner in Kontakt und war völlig begeistert von ihrem Verständnis einer gesunden Ernährung. Das Studium der Ernährungswissenschaften war für mich eine tolle Möglichkeit, mein Wissen zu erweitern, und hat mir sehr viel Spaß gemacht. Doch ich hatte noch einen zweiten großen Lebenstraum.

In meinem geliebten Schwedenhäuschen

Draußen bin ich zu jeder Jahreszeit gern

Familie

Einen langen Tisch voller Kinder, Gelächter und angeregter Gespräche stellte ich mir ganz wunderbar vor. Zusammen mit meinem lieben Mann hatte ich das große Glück, mir ein fröhliches Heim mit sechs lebhaften Kindern schaffen zu können.

Während wir unsere Kinder aufzogen, ist meine große Freude am Lernen nicht erloschen, und so absolvierte ich die Ausbildungen zur Kräuterpädagogin, zur ärztlich geprüften Gesundheitsberaterin GGB, zur Fastenbegleiterin GGB und zur Sehtrainerin.

Ein ganz besonders magischer Ort ist für mich eine gute Buchhandlung, in welcher ich meine Gedanken schweifen und mich von dem vielen vorhandenen Wissen inspirieren lassen kann.

Garten und Pflanzen

Nun gibt es noch einen weiteren Ort, den ich ganz besonders lieb gewonnen habe: das kleine Schwedenhäuschen meiner Urgroßeltern, welches ganz gegen seinen Namen und sein Aussehen nicht in Schweden, sondern mitten in Bayern steht. Warum mein Urgroßvater sein selbst erbautes Ferienhäuschen rot angemalt hat, weiß aus der Familie niemand, aber das spielt auch keine Rolle. Wir fühlen uns an diesem bezaubernden Ort unheimlich wohl, und ich freue mich, dass ich dort meine geliebte Wildpflanzenküche einrichten konnte. Das Sammeln von Wildpflanzen, das Arbeiten im Garten, das Schreiben und Ausprobieren neuer Rezepte, meine Küchentreffen und auch die Weitergabe von Wissen an meine Kinder, Freunde und Kursteilnehmer bereiten mir viel Freude und erfüllen mich mit großer Zufriedenheit.
www.wildpflanzenkueche.de

Im Kollektiv

Es war eine wunderschöne Erfahrung, das über viele Jahre gesammelte Wissen mit lieben und von Wildpflanzen ebenso faszinierten Kolleginnen in Form eines Buchs festzuhalten. Das Philosophieren über unsere Ideen, Ziele und Wünsche sowie das offene und herzliche Arbeiten unter Gleichgesinnten waren für mich sehr bereichernd.

Rose

Im Gleichgewicht sein

Meine sinnlichen Blüten sind zart und schön. Mit meinen spitzen Stacheln an meinen Zweigen bin ich jedoch auch wehrhaft, stark und beschützend. Ich schlage den Bogen zwischen Liebe und Leid, Vollkommenheit und Chaos, Lebensfreude und Vergänglichkeit, Hingabe und Wehrhaftigkeit, lichten und dunklen Seiten des Lebens. Indem ich Ungleiches vereine, bin ich in Balance und stehe auch dir harmonisierend bei. Komm' mit mir ins Gleichgewicht!

So heiße ich

Ich bin die Hundsrose und allen wohlbekannt. Mein botanischer Name *Rosa canina* L. heißt übersetzt hundsgemein. Nein, das bedeutet nicht etwa niederträchtig oder maliziös, sondern einfach nur allgemein bekannt.

Meine Spitznamen

Vielleicht bezeichnest du mich auch einfach nur als Hagebutte, denn das machen viele wegen meiner Früchte, die auch Hiffen oder Rosenäpfel genannt werden. Manche sagen auch Wildrose, Heckenrose oder Feldrose zu mir. Seltener werde ich Mariendorn, Schlafdorn oder Dornröschen genannt. Obwohl ich eigentlich Stacheln trage, redet alle Welt von Dornen. Das ist botanisch zwar nicht richtig, ist aber dem allgemeinen Sprachgebrauch sowie den vielen Gedichten und Märchen über mich geschuldet. Meine zarten Blüten und die feinen Hagebutten hüte ich damit wohl und als Hecke schützte ich schon deine Ahnen vor ungebetenen Gästen.

We are family

Meine Familie sind die Rosengewächse, die *Rosaceae*. Lass dich nicht verwirren, denn nicht nur Rosen gehören zu uns, sondern wir bilden eine ganze Dynastie mit allen Obstbäumen, einigen Heckensträuchern und Kräutern. Du kannst täglich Verwandte von mir treffen, denn meine Sippe ist riesig. Angefangen beim Markteinkauf von Äpfeln und Birnen, dann der Gang zur Apotheke für einen Frauenmantel-Tee, bis zum Spaziergang am Rosenbeet vorbei zur Hecke aus Weißdorn und Schlehe. Und das ist nur ein kleiner Teil meiner über 3000 Arten zählenden Verwandtschaft, die in der ganzen Welt zu Hause ist.

Typisch für mich

Bis zu 3 m strecke ich mich mit überhängenden Ästen in die Höhe. Dabei bin ich mit hakigen Stacheln bewehrt und trage typische Rosenblätter. Meine fünfteilige Blüte ähnelt einem Pentagramm und ist wie dieses der Venus zugeordnet. Von Mai bis Juni verströmen meine weißen bis rosafarbenen Blüten einen zarten Duft. Aus ihnen entwickeln sich im Herbst scharlachrote Hagebutten, die zahlreiche gelbe, kantige Samen enthalten. Eingehüllt habe ich meine Kerne – botanisch korrekt Nüsschen – mit feinen, juckenden Härchen. Ja, so bin ich eben: Eine widerspenstige Schönheit, sanft und zart, dabei wehrhaft und stark.

Rosenadel

Die Kulturgeschichte der Rosen reicht weit zurück. Schon lange züchten die Menschen verschiedene Sorten. Das geht leicht, denn Rosen variieren schon von selbst sehr stark. Die Blüten ganz neuer Sorten sind heute meist gefüllt und oft ohne Nahrung für die Insekten. Sie haben manches Mal sogar Stacheln, Wirkstoffe und Duft eingebüßt. Einige heißen Edelrosen und haben Namen wie „Lady von und zu" oder „Comtesse Irgendwie", ja sogar „Kaiserin Blablabla". Chapeau vor ihrem eleganten Auftreten und ihrer Farbenvielfalt! Doch vergesst nicht – Wildrosen sind die Urmütter all dieser Adelslinien.

Ich schütze meine Schätze, decke aber den Tisch reich für Bienen ...

... und Vögel

Hier wachse ich besonders gern

Im Gegensatz zum veredelten Hochadel, dem aber meine jahrtausendealte Robustheit fehlt, stelle ich keine großen Ansprüche. An einem sonnigen Platz meist in Hecken – früher als Hag bekannt – oder am Wald- und Wegesrand mache ich es mir sprichwörtlich behaglich.

Hagebutten sind wahre Vitaminwunder

Das steckt in mir

Meine Blüten und Früchte sind wahre Schatzkammern. Sie enthalten eine opulente Menge an Vitalstoffen. Sehr viel Vitamin C zudem noch die Vitamine A, B, E und K sowie Mineralstoffe, Flavonoide, Gerbstoffe, ätherische Öle, Fruchtsäuren, Pektin und Vanillin.

Rosenhecke

Früher wurde eine Rosenhecke als Einfriedung besonders geschätzt. Hier steckt das mittelhochdeutsche Wort „vride", das Umzäunung oder eingehegter Raum bedeutet, drin. Mit bewehrten Hecken erschwerten die Leute wilden Tieren oder Räubern den Zutritt zu Haus und Hof. Rosen fühlen sich in einer gemischten Hecke sehr wohl, z.B. mit Holunder, Hasel und Schlehe. Sie bieten wertvollen Schutz und Lebensraum für Vögel, Kleintiere und Insekten und sorgen für Erosionsschutz und Hangbefestigung. Wildrosen sind an unser Klima und unsere Standorte angepasst, wesentlich robuster und pflegeleichter als Exoten und liefern ein umfangreiches Nahrungsangebot für Mensch und Tier.

Dabei helfe ich dir

Wo soll ich denn da anfangen? Bereits aus meinen ersten, zarten Knospen ist ein sogenannter Gemmoextrakt herstellbar, der dein Immunsystem stärkt. Die ätherischen Öle aus meinen rosa angehauchten Blüten sorgen für Entspannung und Regeneration. Zu wahren Kraftpaketen entwickeln sich meine Früchte. Die Hagebutten helfen als Teeaufguss oder Pulver die Abwehrkräfte zu steigern und wirken entzündungshemmend. Wildrosenöl, aus meinen Kernen gewonnen, schenkt dir samtig glatte Haut – zart wie ein Rosenblütenblatt. Sanft wie ich bin, bringe ich dennoch deinen gesamten Stoffwechsel in Schwung!

Achtung, Verwechslungsgefahr!

Meine nächsten Verwandten haben alle ähnliche Blüten und Früchte. Weil aber alle Hagebutten essbar sind, kannst du eigentlich gar nichts verkehrt machen. Wenn du aber auf wahre Werte stehst, dann nimm mich!

Pflück mich

Meine Blütenblätter pflückst du am besten an einem sonnigen Vormittag. Dann enthalten sie am meisten ätherische Öle. Verwende sie gleich frisch! Meine Früchte, die Hagebutten, reifen ab September. Ab Oktober, besonders nach dem ersten Frost, sind sie weicher und aromatischer, aber oft auch schwieriger zu ernten. Schau einfach öfter bei mir vorbei, um den richtigen Zeitpunkt zu finden. Lass dich in allen Jahreszeiten auf mich ein. Sei im Einklang mit der Natur und dir selbst.

☆ Rosen-Orakel

Gerne wurde in alten Zeiten mit meiner Hilfe die Zukunft befragt. Wer prüfen wollte, ob seine junge Liebe eine Chance hat, musste am Johannistag zwei Blütenblätter einer frisch aufgeblühten Rose mit den Lippen aufnehmen, zum nächsten Bach tragen und dort loslassen. Drifteten die beiden Blätter im Bach auseinander, hatte die Beziehung keine Zukunft. Schwammen sie dagegen zusammen den Bach hinunter, blieben die Liebenden vereint.

Rosenblütenblätter als Orakel?

Jetzt wird es spannend

Die Offenbarung beginnt

Was du sonst noch über mich wissen solltest

Ich bin ein gutes Beispiel für Bionik, die technische Nutzung biologischer Vorbilder: Die Oberflächenstruktur von Rosenblütenblättern dient als Vorlage zur Herstellung völlig neuer Solarzellen. Es gelingt damit, mehr Licht einzufangen und nutzbar zu machen.

Das hättest du nicht von mir gedacht

Geheimnisse sind bei mir gut aufgehoben: Bisweilen findest du an Beichtstühlen oder in alten Ratssälen Rosenverzierungen als Sinnbild für die gebotene Verschwiegenheit in diesen Räumen. „Sub rosa dictum" – unter Rosen gesprochen – heißt so viel wie: „Es bleibt unter uns."

Was andere über mich sagen

In China, Indien, Persien, Griechenland und Italien sind meine Früchte bereits seit Jahrtausenden als Arznei beliebt. Die Germanen ordneten die Rose Freya zu, der nordischen Göttin der Liebe und Ehe. Die Ausbreitung des Christentums verdrängte die germanischen Riten und Kulte. Aufgrund meiner heidnischen Vergangenheit wurde ich von den Kirchenvätern erst nach einigem Zögern zum Attribut Marias. Im Mittelalter schließlich verlieh man der Mutter Jesu den Titel „Rosa mystica", also geheimnisvolle Rose. Symbolisch für die Vollkommenheit, der sich nach allen Seiten verbreitenden Liebe des Göttlichen, zierten Rosettenfenster gotische Kathedralen. Als 1208 die Gebetsschnur des heiligen Dominikus den Namen „Rosenkranz" erhielt, war die Aufnahme der Rose in das Christentum vollkommen. Im Jahr 1530 überreichte Kurprinz Johann Friedrich auf der Veste Coburg Martin Luther einen Siegelring mit dem Motiv einer Rose. Martin Luther verwendete dieses Siegel für seinen Briefverkehr. Später etablierte sich das Wappen als Symbol der evangelisch-lutherischen Kirche und wurde als „Lutherrose" allgemein bekannt.

Hecken-Meditation

Schließe für einen Moment die Augen, nimm Platz auf einem Bänkchen umrankt von Wildrosen. Rieche den betörenden Duft der Rosenblüten. Lausche dem Summen der Insekten, dem Zwitschern von Rotkehlchen und Meise, die im wehrhaften Geäst der Rose Nahrung und Brutplätze für die Aufzucht ihres Nachwuchses finden. Abends raschelt es im Laub am Boden, wenn der Igel erwacht und sein Lager verlässt. Im Herbst zieren die leuchtend roten Hagebutten die Pflanze, im Winter bereichern sie den Tisch unserer gefiederten Freunde. Was für ein schöner Ort, um die Seele zu erfreuen!

Wer braucht da noch ein Schloss?

Wilde Küche

Rosige Zeiten für diese Rezepte sind vor allem der Juni und der Oktober
Alle Rezepte sind für 4 Personen, falls nicht anders angegeben

ROSEN-WALDSALAT

Rucola mit Walderdbeeren und Rosenblüten

DAS BRAUCHST DU:

125 g Rucola
Blütenblätter von 2 aufgeblühten, duftenden Rosen
1 Handvoll Walderdbeeren
4 EL Olivenöl
2 EL Balsamico
1 TL Honig
Salz
Pfeffer

SO GEHT'S:

Rucola waschen, trocknen und grob zerpflücken. Die Blütenblätter der Rosen unter den Rucola mischen und auf einer Platte anrichten. Walderdbeeren darauf verteilen. Aus den restlichen Zutaten ein Dressing anrühren und erst kurz vor dem Servieren über den Salat geben.

ROSIGE ZEITEN

Fruchtig-süßer Rosenblüten-Obstsalat

DAS BRAUCHST DU:

1 kg Obst der Saison
Saft von 1 Zitrone
Honig nach Geschmack
Rosenlikör oder -sirup nach Belieben
2 Handvoll roter oder rosa Rosenblüten
30 g gehackte Nüsse oder Mandeln
eventuell Schlagrahm

Familientreffen! Und danach gehen alle zusammen in die Schüssel

SO GEHT'S:

Sauberes, entkerntes und entsteintes Obst in gleich große Stücke schneiden und mit Zitronensaft und Honig vermengen. Durchziehen lassen. Mit Likör oder Sirup abschmecken. Ein paar besonders schöne Rosenblütenblätter als Garnitur auf die Seite legen, die restlichen Blütenblätter sowie die Nüsse oder Mandeln unterheben. Portionsweise anrichten, mit Blüten und Sahne garniert servieren.
Um die Rosenblüten zur Geltung zu bringen, am besten helles Obst verwenden.

HIPPE HIFFE

Hagebutten-Chutney

Rosenblüten-Ernte

Pflücke ungespritzte Rosenblüten an einem sonnigen Spätvormittag, dann ist die Konzentration der fein duftenden ätherischen Öle am höchsten. Lege die Blüten kurz im Freien auf einem Tuch aus, damit Insekten flüchten können. Hast du einen empfindlichen Gaumen, entferne den weißen Blütenblattansatz, da dieser oft etwas bitter schmeckt.

Fast wie Gott in Frankreich: Wein, Käse, hippe Hiffe

DAS BRAUCHST DU:

400 g Hagebutten, frisch
1 Zwiebel
1 großer Apfel, säuerlich
10 g Ingwer
etwas Chili, nach Belieben
1/2 TL Senfkörner
1/2 TL schwarze Pfefferkörner
5 EL Olivenöl
100 ml Apfelessig
100 g Honig
50 g getrocknete Weinbeeren

SO GEHT'S:

Hagebutten waschen, Stiele und Blütenansätze abschneiden. Die Früchte halbieren, entkernen und in einen Topf geben. Mit Wasser auffüllen, bis die Hagebutten knapp bedeckt sind, weich kochen und durch ein engmaschiges Sieb passieren. So sind später keine kratzenden Härchen und Samen im Chutney zu finden. Zwiebel und Apfel schälen und würfeln. Ingwer und Chili sehr fein hacken. Senf- und Pfefferkörner mörsern. Die Zwiebel kurz in Olivenöl andünsten, danach alle weiteren Zutaten zugeben. Sanft köcheln lassen, bis die Flüssigkeit weitgehend verdunstet ist, abschmecken. Schmeckt fein zu würzigem Käse, gegrilltem Fleisch, Wild, Getreidebratlingen und Reisgerichten.

SOMMERNACHTSTRAUM

Rosenblüten-Erdbeer-Bowle

Alkoholfrei und erfrischend

DAS BRAUCHST DU:

150 g Erdbeeren
1 Handvoll Blüten einer duftenden Rose
2 EL flüssiger Honig
Saft von 1/2 Zitrone
500 ml Apfelsaft
50 ml Rosenwasser
500 ml eiskaltes Mineralwasser
Eiswürfel
einige Scheiben von 1 gewaschenen Zitrone

Erdbeeren und Rosen, die perfekte Mittsommernachtskombi

SO GEHT'S:

Erdbeeren waschen, putzen und in Scheiben schneiden. Blütenblätter auszupfen, ein paar davon für die Garnitur beiseitelegen. Die Blütenblätter gemeinsam mit den Früchten in ein ausreichend großes Gefäß füllen. Honig, Zitronensaft, Apfelsaft und Rosenwasser dazugeben. Zugedeckt etwa 1 Stunde ziehen lassen. Anschließend mit Mineralwasser aufgießen. Frische Rosenblütenblätter, Zitronenscheiben und Eiswürfel nach Belieben hinzufügen.

Das i-Tüpferl:
Jetzt ein lauschiges Plätzchen suchen und die Sommernacht mit all ihren Möglichkeiten genießen!

ROSÉ ROYAL

Rosenblüten-Gelee mit Sekt

DAS BRAUCHST DU:

200 ml Sekt
200 ml Wasser
5 Handvoll frischer, duftender Rosenblütenblätter
650 g Gelierzucker
50 ml Sahne
etwas Bourbonvanille, gemahlen
etwas Zitronensaft

SO GEHT'S:

Sekt mit Wasser in einen Topf geben und aufkochen, danach Topf von der Herdplatte nehmen. Ein paar Blütenblätter beiseitelegen, den Rest in den Topf geben und mindestens 1 Stunde bei geschlossenem Deckel ziehen lassen. Blütenblätter abseihen, im Sieb mehrmals umdrehen und gut ausdrücken. Gelierzucker in die Flüssigkeit einrühren und nach Anweisung kochen. Rosen-Gelee in Dessertschalen füllen. Sahne mit Bourbonvanille steif schlagen und mit einem Spritzer Zitronensaft abschmecken. Die Zitronensahne und Rosenblütenblätter als Garnitur über das Gelee geben.

Das i-Tüpferl:
Wir lieben knusprig gebackene Waffeln zum Rosé royal!

Eine wahrlich königliche Speise

Hiffenmark

Hiffenmark ist die fränkische Bezeichnung für einen feinen Hagebuttenaufstrich. In der oft noch kleinteilig strukturierten Landschaft Frankens sind glücklicherweise noch viele Hecken zu finden. Sobald es Herbst wird, prangen an den zahlreichen Rosenbüschen die leuchtend orangeroten Hagebutten. Der richtige Zeitpunkt, um aus den kleinen Früchtchen die wohlschmeckende Spezialität einzukochen!

DORNRÖSCHENS WANGENROT

Hiffenmark

DAS BRAUCHST DU:

Hagebutten
Gelierzucker
Gläser zum Abfüllen

SO GEHT'S:

Hagebutten waschen, Blütenansatz und Stiele entfernen. Mit Wasser bedeckt weichkochen. Wegen den feinen, juckenden Härchen, die auf den Nüsschen sitzen, zweimal durch ein Sieb passieren. Das Fruchtmark abwiegen und die entsprechende Menge Gelierzucker zugeben. Unter ständigem Rühren nach Angabe des Zuckerherstellers kochen und heiß in gut gereinigte Gläser füllen. Hagebuttenmark schmeckt pur auf einem frischen Brot oder als Füllung in Plätzchen und Krapfen. Nachspeisen, Kuchen und Wildfleischsoßen lassen sich sehr gut damit verfeinern.

Alternative:
Brigitte, die Fränkin in unserer Runde, verwendet die übrig gebliebenen Kerne für einen aromatischen Kernles-Tee (siehe Rezept Seite 139).

FLOWERNAPPING

Entspannende Augenauflage mit Rosenblüten

DAS BRAUCHST DU:
1 Stück Seidenstoff,
25 x 20 cm
200 g rohe Reiskörner
2 Handvoll Blütenblätter einer duftenden, ungespritzten (!) Rose, getrocknet
etwas Rosenwasser

SO GEHT'S:
Aus dem Seidenstoff ein längliches Säckchen nähen. Reis und Rosenblütenblätter in die Seidenhülle füllen. Die letzte offene Seite der Hülle mit ein paar Stichen schließen.

Die Auflage etwa 30 Minuten in den Kühlschrank legen. Vor dem Auflegen die geschlossenen Augen mit Rosenwasser benetzen. Die gekühlte Kompresse auf die Augen legen und etwa 10 Minuten ruhen.
Die ätherischen Öle der Rose wirken tonisierend, hautstraffend, erfrischend und antibakteriell. Sie sind hervorragend für alle Hauttypen geeignet und gelten als wahres Anti-Aging-Wunder.

Alternative:
Wenn es mal schneller gehen soll: Einfach ein paar schöne Rosenblütenblätter auf die geschlossenen Augen legen und flowernappen!

Flowernapping macht glücklich und entspannt

HECKENSCHÄTZE

Hagebutten-Tee

Die Power ihrer Inhaltsstoffe macht die Hagebutte zur besten heimischen Pflanze, um Abwehrkräfte zu steigern und Erkältungskrankheiten vorzubeugen. Ihr hoher Flavonoidgehalt schützt das wertvolle Vitamin C, sodass es beim Kochen erhalten bleibt.

DAS BRAUCHST DU:

1 EL Hagebutten, frisch oder getrocknet
1/2 l kaltes Wasser

SO GEHT'S:

Die Früchte mit dem kalten Wasser übergießen und kurz aufkochen. Vom Herd nehmen, zugedeckt 10 Minuten ziehen lassen und durch einen Teefilter abseihen. In eine Thermoskanne füllen und über den Tag verteilt trinken.

KERNLES-TEE

Hagebuttenkern-Tee

Kernles-Tee ist ein wiederentdecktes Hausmittel zur Blutreinigung und Entwässerung. Die Kerne der Wildrosenhagebutte können frisch oder getrocknet verwendet werden. Sie haben einen hohen Kieselsäuregehalt und der Tee entwickelt ein leichtes Vanillearoma.

DAS BRAUCHST DU:

1 EL getrocknete Hagebuttenkerne
250 ml kaltes Wasser

SO GEHT'S:

Die Hagebuttenkerne über Nacht im kalten Wasser ansetzen. Am nächsten Morgen 30 Minuten abgedeckt leicht köcheln lassen.

Für den Tee die verbleibenden Kerne aus einem Genussrezept verwenden oder Kerne kaufen. Wer Kerne von frischen Hagebutten nehmen will, sollte darauf achten, die Kerne vor dem Trocknen durch Waschen von ihren feinen Härchen zu befreien. Sie können Juckreiz und Hautreizungen hervorrufen. Deshalb werden sie schon seit ewigen Zeiten als Juckpulver benutzt.

Entdecke die innersten Werte

WELLNESS-ÖL

Rosenblüten-Hautöl

Wunderbare Pflege für trockene Haut.

DAS BRAUCHST DU:

1 Handvoll Blütenblätter einer duftenden Rose, frisch
175 ml gutes Hautöl (z.B. Jojoba-, Mandel- oder Avocadoöl)
3 Tropfen ätherisches Rosenöl

SO GEHT'S:

Blütenblätter in ein Schraubglas geben und mit dem Hautöl übergießen. Den Ansatz mindestens 1 Woche bei Zimmertemperatur ziehen lassen, danach durch ein Mulltuch abseihen und das ätherische Öl zufügen. Dunkel und kühl aufbewahren.

ROSENZAUBER NATURDEO

Rosenblüten-Deodorant

Duftet bezaubernd und ist garantiert aluminiumfrei!

DAS BRAUCHST DU:

80 ml abgekochtes Wasser
15 ml Rosenwasser
1/2 TL Natron
1 Tropfen ätherisches Rosenöl

SO GEHT'S:

Alle Zutaten in eine saubere Pumpflasche füllen und gut schütteln, bis sich das Natron gelöst hat. Vor jeder Anwendung kurz aufschütteln. Das Natron neutralisiert Gerüche, Rosenwasser und -öl duften und sind hautpflegend.

„Der Rose süßer Duft genügt,
man braucht sie nicht zu brechen –
und wer sich mit dem Duft begnügt,
den wird ihr Dorn nicht stechen.“
(Friedrich von Bodenstedt)

GEMMOEXTRAKT ROSE

Knospen-Extrakte

Die Gemmotherapie ist eine Form der Pflanzenheilkunde. Sie nutzt die konzentrierte Kraft und die Energie, die in den frischen ersten Knospen und Triebspitzen von speziellen Pflanzen sitzen.

Der Begriff leitet sich vom lateinischen „gemma" ab, was übersetzt Knospe, Edelstein oder Juwel bedeutet. Junge, noch geschlossene Pflanzenknospen werden sorgfältig geerntet und in einem Glycerin-Ethanol-Gemisch mazeriert. Gemmotherapeutische Mittel regen den Zellstoffwechsel an, wirken ausleitend, regulierend und fördern die Selbstheilungskräfte von Mensch und Tier.

SO GEHT'S:

In der Apotheke ein Fläschchen Gemmoextrakt kaufen und mehrmals täglich, je nach Herstellerangabe, in den Mundraum sprühen oder Tropfen einnehmen.
Der Wildrosen-Extrakt mildert Erkrankungen im Hals-Nasen-Ohren-Bereich. Er wirkt entzündungshemmend bei Infekten der oberen Atemwege und stärkt das Immunsystem. Innerliche wie auch äußerliche Anwendungen können bei Entzündungen der Haut und Herpes lindernd wirken.

Konzentrierte Kraft: Gemmoextrakt der Rose

Tipp:
Mit entsprechender Literatur oder einem Kursbesuch kannst du die Knospen-Extrakte verschiedenster Pflanzen selbst herstellen.

Schafgarbe

Tausendblättrige Gesundmacherin

Die Tausendblättrige werde ich genannt und tausendfach unterstütze ich dich. Egal ob für die Gesundheit oder den Genuss, meine Attribute setze ich alle für das Eine ein: dein Wohlbefinden! Besonders Frauen dürfen mit ihren speziellen Befindlichkeiten seit jeher auf mich zählen. So kannst du wohlig und entspannt das Leben genießen!

So heiße ich

Sei gegrüßt, ich bin die Schafgarbe! Unter den Menschen gibt es ja wahre Fans der botanischen Namen, weil diese Verwechslungen ausschließen. Hier also mein unverwechselbarer Name: *Achillea millefolium* agg. Würfle ich meine deutsche und die botanische Bezeichnung einfach zusammen, so ergibt das aus meiner Sicht die Tausendblättrige Gesundmacherin. Wie ich darauf komme? Garbe leitet sich aus dem Althochdeutschen „garwe" ab, das heißt so viel wie Gesundmacher und „millefolium" bedeutet tausendblättrig.

Meine Spitznamen

Meine verschiedenen Rufnamen verraten schon viele meiner Fähigkeiten, da wären z.B. Bauchwehkraut, Grundheil, Blutkraut und Blutstillkraut. Namen wie Frauendank, Jungfrauenkraut, Beilhiebkraut, Zimmermannskraut und Soldatenkraut zeigen dir, wer alles auf mich zählen kann. Ganz verliebt bin ich in den Spitznamen Augenbraue der Venus. So tauften mich die kräuterkundigen Gelehrten schon im Mittelalter. Was für eine schöne Vorstellung, die Venus blicke unter Augenbrauen aus meinen Blättern hervor.

We are family

Ich gehöre in die riesige Familie der Korbblütler, der *Asteraceae.* Bei den etwa 21.000 Arten meiner Familie kenne ich, ehrlich gesagt, nicht mehr jeden persönlich. In den Alpen wohnen einige meiner Verwandten. Da fallen mir die Bittere, die Schwarzrandige, die Großblättrige oder die Moschusschafgarbe ein. Die Sumpfschafgarbe liebt es, wie ihr Name schon sagt, deutlich feuchter als der Rest von uns. Völlig unabhängig von allem anderen verfolgen wir in dieser Familie alle eine Strategie: Unsere kleinen Zungen- und auch Röhrenblüten stehen zusammen und wirken dadurch wie eine große Blüte. So finden uns unsere Bestäubungsfreunde ganz leicht und haben einen riesigen Landeplatz. Unser Motto – alle nur für das eine!

Den Beelzebub überlisten

Angeblich verfällt der Teufel beim Anblick so vieler filigraner Blattfiedern seiner Zählsucht. Dabei verzählt er sich ein ums andere Mal und vergisst darüber seine ursprünglichen diabolischen Pläne. Deshalb soll ein Amulett aus Schafgarbe vor dem Bösewicht schützen.

Typisch für mich

Im Frühjahr treiben meine länglich schmalen und zwei- bis dreifach gefiederten Blätter aus den winterharten Wurzeln und bilden dabei eine lockere Rosette. Ende Mai sprießt der zähe, später mit Mark gefüllte, kantige und manchmal behaarte Stängel hervor. An dessen Ende blühen von Juni bis Oktober meine kleinen, weißen, manchmal auch rosafarbenen Blüten mit gelben Staubgefäßen. Die Blüten stehen in Scheindolden zusammen. Insgesamt werde ich, je nach Standort, schon mal bis zu 1 m hoch.

Bequemer Landeplatz für Insekten

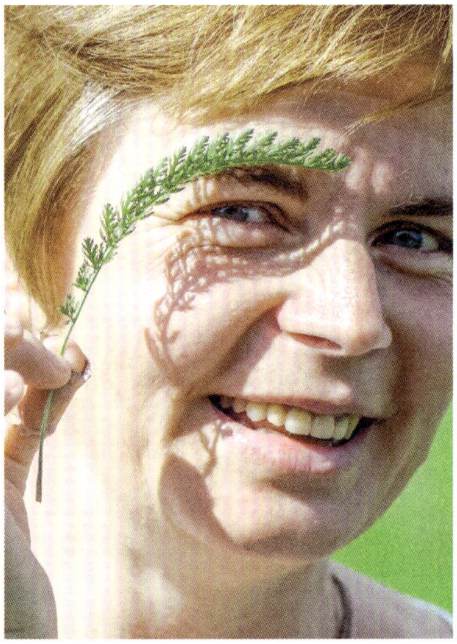

Tausend Blätter für eine wohlgeformte Braue

Hier wachse ich besonders gern

Als Sonnenkind wachse und gedeihe ich auf nährstoffreichen Wiesen, Weiden und Halbtrockenrasen. Auf jedem freien Fleck, der mir zusagt, breite ich meine Wurzeln aus. Als Pionierin siedle ich oft als eine der Ersten auf rohem Boden. Großartige Ansprüche stelle ich nicht, nur Staunässe kann ich nicht leiden.

Das steckt in mir

Je sonniger ich stehe, desto mehr ätherische Öle produziere ich. Unter anderem handelt es sich dabei um entzündungshemmende Proazulene wie Achillicin und Matricin. Letzteres produziert übrigens auch meine heilkräftige Cousine, die Kamille. Meine Gerbstoffe verderben meinen Fressfeinden den Appetit, auch Bakterien mögen meine Inhaltstoffe nicht. Weiterhin warte ich noch mit zellschützenden Flavonoiden und Mineralstoffen wie Kalium und Kupfer auf. Auch Vitamine und Schleimstoffe findest du in mir. Besonders charakteristisch für mich sind jedoch meine Bitterstoffe.

Dabei helfe ich dir

Ich wirke blutstillend, entzündungshemmend, pilzfeindlich, keimtötend und abschwellend, all das macht mich zur „Wundheilerin von der Wiese". Aufguss und Tinktur halten Keime und Blutungen in Schach und unterstützen dadurch die Granulation bei Verletzungen und offenen Hautstellen. Umschläge können bei Gelenkentzündungen Linderung verschaffen. Sitzbäder und Spülungen lassen entzündete Stellen abschwellen. Sitzbäder helfen zudem bei Hämorrhoiden und lindern bei Frauen krampfartige Unterleibsschmerzen. Als Teeaufguss entfalte ich meine entspannenden Fähigkeiten. Trink ihn oder mache dir damit eine Leibauflage. Beides lindert krampfartige Bauchschmerzen, mit und ohne Blähungen. Eine Teemischung mit weiteren Kräutern wie Kamille, Kümmel und Pfefferminze, beruhigt oft eine gereizte Magenschleimhaut. Ich bin eine Wohltat für die Leber, aktiviere den Gallefluss und fördere die Verdauung. Auch bei Appetitlosigkeit kannst du auf mich zählen. Sanft ausgleichend wirke ich bei hormonellen Schwankungen und Regelbeschwerden, was sich im Volksspruch „Schafgarbe im Leib, tut wohl jedem Weib" spiegelt. Mein Kaliumgehalt bringt die Niere zum Arbeiten und trägt somit zur Blutreinigung bei. Zudem kräftige ich deine Blutgefäße und wirke beruhigend, was sich auch auf nervöse Herzbeschwerden positiv auswirken kann.

Blumensprache

Schafgarbe im Brautstrauß soll dafür sorgen, dass die Liebe des Brautpaares mindestens sieben Jahre anhält. Kommt es doch anders, tröstet und heilt die Schafgarbe gebrochene Herzen.

Achtung, Verwechslungsgefahr!

Andere Schafgarben ähneln mir freilich sehr, gezüchtete Gartenvarianten besitzen allerdings keine erprobte Heilkraft. Viele Doldengewächse blühen ebenfalls weiß und sehen mir ähnlich. Berücksichtige die Blüten- und Blattform und schau genau hin, denn unter meinen Doppelgängern sind auch wirklich giftige Gesellen (siehe Seite 58 beim Giersch).

Pflück mich

Bitte pflück mich nicht mit der Hand, nimm lieber ein scharfes Messer oder eine Schere, um mich zu ernten. Mein Stängel ist zäh und bricht nicht leicht ab. Versuchst du es doch, ziehst du mich schnell mitsamt meinen Wurzeln aus dem Boden und das willst du doch gar nicht, oder? Warte für die Ernte auf sonnige Tage, dann bin ich richtig vollgepackt mit inneren Werten. Interessierst du dich für meine ätherischen Öle, so ist der späte Vormittag der beste Zeitpunkt zum Schneiden. Ernte mich zum Frischverzehr jung und zart, dann bereichere ich jeden Salat oder passe als bitter-würziger

Scheindolde versus Dolde

Hättest du es gewusst? Der Blütenstiel verzweigt sich bei Scheindolden, wie der Schafgarbe, an verschiedenen Stellen. Botanisch echte Doldenblüten erkennst du daran, dass die Blütenstiele alle aus einem Punkt entspringen, wie beispielsweise beim blühenden Giersch, der Wilden Möhre oder dem Wiesen-Bärenklau.

Doldenschein (Schafgarbe)

Doldensein (Wiesen-Bärenklau)

Akzent in Suppen, Eintöpfe, Gemüse oder Eierspeisen. Ich sorge für Bekömmlichkeit in Kräuterbutter und Gemüsegerichten und darf in keinem Magenbitter fehlen. Ich schmecke herb und pfeffrig, mit einem leichten Hauch von Muskat.

Was du sonst noch über mich wissen solltest

Wer eine Allergie auf Korbblütler hat, sollte mir am besten völlig aus dem Weg gehen. Sensible Menschen reagieren auf mich manchmal mit einem Ausschlag, der sogenannten Wiesendermatitis. Es soll immer wieder findige Kinder geben, die sich genau damit schon so manchen schulfreien Tag ergaunert haben.

Was gibt dir die Schafgarbe mit auf den Weg?

Das hättest du nicht von mir gedacht

Meine getrockneten Blüten eignen sich zum Verräuchern. Das entspannt, gleicht aus und dabei wagst du einen Blick in dein Inneres. Lege mich auf das Sieb eines Räucherstövchens und zünde eine Kerze darunter an. Mein befreiter Pflanzengeist kann deine Nerven stärken, deine feinstofflichen Empfindungen fördern, und wenn du es willst, dann helfe ich dir sogar beim Weissagen.

Was andere über mich sagen

Ich spielte schon im alten Griechenland eine Rolle. Der Sage nach verletzte sich Achilles im Kampf um Troja oberhalb der Ferse. Aphrodite riet dem Helden, die Stelle mit mir, der Schafgarbe, zu heilen. Was soll ich sagen? Es hat geklappt!

Kräuterbuschen

Wintervorräte wichtiger Heilkräuter legt man am besten während der sonnenintensiven Sommerzeit an. Vielleicht gibt es deshalb an Mariä Himmelfahrt (15. August) im süddeutschen Raum und in Tirol den Brauch, Kräuterbuschen zu binden und sie in der Kirche weihen zu lassen. Im Zentrum des Straußes thront oft die Königskerze, der Alant oder ein Rohrkolben. Dazu kommen traditionell sieben, je nach Gegend auch neun oder zwölf verschiedene Heil- und Blühkräuter aus der Region. Die Schafgarbe gehört auf jeden Fall mit hinein! Früher hängte die Hausmutter den geweihten Buschen kopfüber im Herrgottswinkel zum Trocknen auf, um daraus bei Bedarf Tee zu kochen oder sie im Herdfeuer zu verbrennen, um Gewitter abzuwenden.

Wilde Küche

Mit der Schafgarbe wird es deftig-kräftig in deiner Küche
Alle Rezepte sind für 4 Personen, falls nicht anders angegeben

SCHAFGARBEN-AGLIO-OLIO

Würzig eingelegte Schafgarbenblüten

Schafgarbe mal mediterran

DAS BRAUCHST DU:

1 Handvoll Schafgarben-knospen und -blüten
1 Knoblauchzehe
3 EL gutes Olivenöl
etwas Salz

SO GEHT'S:

Schafgarbenknospen und -blüten an einem sonnigen Spätvormittag ernten. Die einzelnen Blüten abzupfen und den Knoblauch fein hacken. Beides mit dem Olivenöl und dem Salz vermischen. Mindestens einen Tag ziehen lassen!

Das i-Tüpferl:
Passt wunderbar als geschmackliche Abrundung von Bruschetta mit gewürfelten Tomaten.

ACHILLES LIEBLINGSSPEISE

Kräutergefüllter Kürbis

DAS BRAUCHST DU:

1 Hokkaido-Kürbis, ungeschält
1 große Handvoll Brennnesselspitzen, frisch
1 Zwiebel, klein geschnitten
2 Knoblauchzehen, fein gewürfelt
Olivenöl
200 g Walnüsse, gehackt
2 Tomaten, fein gewürfelt
Thymian
Oregano
Rosmarin
1 kleine Handvoll abgezupfter Schafgarbenblüten
2 EL Crème fraîche
Salz und Pfeffer
200 g Feta-Käse, gewürfelt

SO GEHT'S:

Kürbis quer halbieren und die Kerne entfernen. Den ausgehöhlten Kürbis für 20 Minuten bei 180 °C Ober-/Unterhitze im vorgeheizten Backofen backen. Inzwischen die Brennnesseln waschen, trocknen und fein schneiden. Zwiebel und Knoblauch in Öl anbraten. Walnüsse, Brennnesseln und Tomaten dazugeben und 5 Minuten unter Rühren weiterdünsten. Gewürze, Schafgarbenblüten und Crème fraîche unterrühren, mit Salz und Pfeffer abschmecken. Den Kürbis aus dem Ofen nehmen. Den Käse unter die Füllung mischen und in den Hokkaido-Hälften verteilen und nochmals ca. 20 Minuten bei 180 °C Ober-/Unterhitze im Ofen garen.

Herbstgruß aus dem Garten

HELDENBUTTER

Schafgarben-Butter

DAS BRAUCHST DU:

250 g weiche Butter
1 Handvoll frischer Schafgarbenblätter und -blüten, fein geschnitten
1/2 TL Salz
extra Schafgarbenblüten und -blätter als Garnitur

SO GEHT'S:

Butter schaumig aufschlagen, Schafgarbe mit etwa 1/3 der Butter fein pürieren. Diese mit der restlichen Butter vermengen. Anschließend mit Salz abschmecken. Mit Blättern und Blüten garnieren. Erst nach 24 Stunden im Kühlschrank entwickelt sich das volle Aroma. Heldenbutter schmeckt sehr fein zu Grillfleisch oder auch als Brotaufstrich.

Alternative:
Klar kannst du auch mit anderen aromatischen Wildkräutern eine wild-würzige Butter herstellen.

VENUS-EIER

Gefüllte Eier mit Wildkräutern und Schafgarbe

DAS BRAUCHST DU:

6 Eier, hart gekocht und halbiert
150 g Frischkäse
1 TL Olivenöl
1 Handvoll Schafgarbenblätter, sehr fein geschnitten
1 Handvoll junge Gierschblätter, sehr fein geschnitten
Salz, Currypulver

SO GEHT'S:

Eigelbe aus dem Eiweiß herauslösen. In einer Schüssel Frischkäse und Eigelbe mit einer Gabel zu einer homogenen Masse zerdrücken. Bei Bedarf etwas Olivenöl unterrühren, damit die Masse geschmeidig wird. Kräuter unterrühren, davon ein wenig für die Garnitur zurückbehalten. Mit Salz und Curry abschmecken. Die fertige Masse mit einem kleinen Löffel oder der Spritztülle in die Eiweißhälften füllen, mit Kräutern garnieren.

Alternative:
Alle aromatischen Kräuter schmecken in unseren Venus-Eiern fantastisch.

Ei-Catcher für jedes Buffet

BITTERWÜRZIGES KRÄUTERSALZ

Salzmischung mit Schafgarbe

Ein Würzsalz mit bitteren Kräutern regt Verdauung an!

DAS BRAUCHST DU:

5 g Löwenzahnwurzel
10 g Schafgarbenblätter und -blüten
10 g Brennnesselblätter
50 g Salz ohne Zusätze

SO GEHT'S:

Die Löwenzahnwurzel gründlich waschen. Weil sie beim Trocknen sehr hart wird, sollte sie schon frisch sehr fein geschnitten werden. Die Wurzelstückchen sowie die Blätter und Blüten ohne Stiele einlagig und luftig im Schatten trocknen. Trockene Wurzelstückchen in einer Mühle oder in einem Mixer fein mahlen, Schafgarbe und Brennnesseln fein rebeln und alles mit dem Salz vermischen.

TAUSENDBLÄTTRIGER APÉRO

Alkoholfreier Himbeer-Aperitif mit Schafgarbe

DAS BRAUCHST DU:

1 Handvoll duftender Rosenblüten
3 Stängel Schafgarbe
1 frischer Trieb vom Beifuß, kurz vor der Blüte, etwa 15 cm lang
1 l Himbeersaft, ungezuckert

SO GEHT'S:

Die Bitterkräuter und Rosenblüten nach der Ernte leicht antrocknen lassen, grob zerkleinern und in eine saubere Glasflasche mit weitem Hals füllen. Mit Himbeersaft aufgießen bis alle Kräuter vollständig bedeckt sind, um Schimmelbildung zu verhindern. Diesen Ansatz mindestens 6 Wochen bei Zimmertemperatur ziehen lassen, abseihen, in eine dunkle Glasflasche umfüllen und anschließend kühl aufbewahren. So gelagert hält sich der Aperitif mehrere Monate. Dazu kommt es allerdings selten, da er vorzüglich mundet und – vor dem Essen genossen – den Appetit anregt.

Dieser Apero harmoniert auch zu Kaffee und Kuchen

Bitterstoffe

Wenn den Menschen klar wäre, wie toll Bitterstoffe für die Leber und die Verdauung sind, hätten sie diese wahrscheinlich nicht aus allen Kulturgemüsen weggezüchtet. Warum sagt wohl die alte Volksweisheit „Was bitter im Mund, ist im Magen gesund"? Bitteres bringt Verdauungssäfte zum Fließen. Manch einer verbindet den Geschmack bitter vielleicht mit der Emotion bitter, aber weit gefehlt: Bitter macht wach und munter. Bitterstoffe aktivieren Entgiftungs- und Umbauvorgänge in der Leber und unterstützen so die Verdauung. Sie sind übrigens auch natürliche Schlankmacher, denn sie helfen bei der Fettverbrennung, senken das Cholesterin und führen rascher zu einem Sättigungsgefühl. Ganz nebenbei wirken sie erwärmend und positiv auf die Psyche.

TAUSENDSASSA-TROPFEN

Schafgarben-Tinktur

Traditionell wird die Schafgarben-Tinktur bei Appetitlosigkeit, leichten Magen- und Darmstörungen sowie Menstruationsbeschwerden eingesetzt. Zudem hilft die Tinktur erfahrungsgemäß bei blutenden Wunden. Wegen der entzündungshemmenden Eigenschaften wirkt die Tinktur auch in Cremes gegen unreine Haut.

Nur noch abseihen und dein persönliches Hausmittel ist fertig

DAS BRAUCHST DU:

Frische, gerade erblühte Schafgarbe mit Kraut
1 Schraubglas, ca. 150 ml
ca. 150 ml Alkohol mit 50 Vol.-% (Ethanol aus der Apotheke)
1 braunes Fläschchen mit Tropfaufsatz

SO GEHT'S:

Blüten, Blätter und Stängel der Schafgarbe sehr fein schneiden und in ein passendes, sauberes Schraubglas bis kurz unter den Rand füllen. Das Kraut mit dem Alkohol vollständig übergießen und das Glas verschließen. Bei Zimmertemperatur ziehen lassen und täglich aufschütteln. Nach 5–6 Wochen durch ein feinmaschiges Sieb oder ein sauberes Stofftuch abseihen. Tinktur in eine saubere, braune Tropfflasche geben und mit Datum und Inhalt beschriften. Bei Bedarf dreimal täglich 10–20 Tropfen in Wasser einnehmen. Die Tinktur zur äußerlichen Anwendung 1:10 verdünnen.

CREME DER APHRODITE

Schafgarben-Creme

Mit Schafgarben-Creme behandelt die Volksheilkunde Hautentzündungen, Ekzeme und Akne. Hierzu werden betroffene Hautpartien ein- bis zweimal täglich sanft eingecremt.

DAS BRAUCHST DU:

1 TL Schafgarbenkraut, getrocknet
50 ml heißes Wasser
5 g Bienenwachs
25 g Sheabutter
50 ml gutes Olivenöl
1 passend großes Schraubgläschen

SO GEHT'S:

Das Schafgarbenkraut mit dem heißen Wasser übergießen. Nach etwa 7 Minuten filtern und etwas abkühlen lassen. Bienenwachs und Sheabutter im Wasserbad schmelzen. Leicht erwärmtes Olivenöl zugeben. Zuletzt 40 ml des lauwarmen Schafgarben-Tees langsam und unter ständigem Rühren zugeben. Weiter rühren bis die Creme abgekühlt ist. Dann abfüllen und beschriften. Bei Einhaltung der hygienischen Grundregeln hält die Creme etwa 14 Tage.
Extrem sauberes Arbeiten und kühle Lagerung erhöhen die Haltbarkeit!

Alternative:
Statt der 40 ml Schafgarben-Tee kannst du auch 20 ml Tee und 20 ml Schafgarben-Tinktur verwenden. Diese Mischung erhöht die Haltbarkeit, hat aber einen leicht austrocknenden Effekt.

SPÜLUNG FÜR UNTENRUM

Schafgarben-Spülung

Ein starker Tee aus Schafgarbe spült und fördert äußerlich angewandt die Wundheilung nach einer Geburt und bei Verletzungen im Anal- oder Genitalbereich. Der Tee hemmt das Keimwachstum und somit Entzündungen.

DAS BRAUCHST DU:

10 EL Schafgarbenkraut, getrocknet
2 l Wasser

SO GEHT'S:

Das Wasser aufkochen und das Kraut damit übergießen, zugedeckt 10 Minuten ziehen lassen und abseihen. Auf Handwärme abkühlen lassen. Die Spülung geht am einfachsten auf der Toilette sitzend: Den Schafgarben-Tee aus einer Kanne langsam über die betroffene Stelle laufen lassen. Anschließend vorsichtig mit einem sauberen, weichen Tuch trocken tupfen. So eine Spülung hilft bei einer wunden Stelle im Genital- oder Analbereich, wie z.B. nach einem Dammschnitt oder einer Operation. *Absolute Empfehlung für Wöchnerinnen!*

BEHAGLICHER LEBERWICKEL

Auflage mit Schafgarbe

Kräftig ausgewrungen verträgst du den Wickel wärmer

Mit wenig Material und Vorbereitung verwandelst du dein Zuhause in eine Wellnessoase. Gönne dir den Leberwickel abends vor dem Schlafengehen. Das hilft, den Tag friedlich zu beenden.

DAS BRAUCHST DU:

1 Thermoskanne mit fertigem Schafgarben-Tee
2 große Geschirrtücher
1 Waschlappen
1 Wärmflasche, schwach gefüllt
1 flache Schüssel oder Waschbecken
1 Decke

SO GEHT'S:

Angenehme, lockere Kleidung anziehen und vor der Aktion nochmals auf die Toilette gehen. Am späteren Ruheplatz ein Geschirrtuch um die Wärmflasche schlagen und die Decke bereitlegen. Mit dem zweiten Geschirrtuch die Schüssel auskleiden. Die beiden Enden des Tuchs sollten aus der Schüssel herausragen. Den Waschlappen eng aufrollen und mittig hineinlegen. Die Waschlappenrolle mit dem heißen Tee tränken und das Tuch an den trockenen Enden aufnehmen. Durch Drehen der Enden in verschiedene Richtungen den Waschlappen stark auswringen. Den Waschlappen entnehmen, entrollen und kurz die Temperatur prüfen. Am Ruheplatz hinlegen und den Lappen so warm wie möglich auf den entblößten Bauch unter dem rechten Rippenbogen legen. Trockenes Geschirrtuch und Wärmflasche darübergeben, Oberteil darüber ziehen, mit Hosenbund fixieren. In die Decke einkuscheln und die leberstärkende, wohltuende Schafgarben-Auflage genießen, solange sie warm ist. Spätestens nach 30 Minuten die feuchte Lage entfernen und noch mindestens 20 Minuten nachruhen.
Nicht anwenden bei unklaren Beschwerden oder entzündlichen Prozessen im Magen-Darm-Bereich oder bei Sensibilitätsstörungen.

Diese einfache Schafgarben-Kompresse unterstützt die Leber nach üppigen Mahlzeiten, bei Fastenkuren oder einfach das Selbstwertgefühl.

BAUCHWOHL-TEE

Teemischung mit Schafgarbe

Hilfreiche Teemischung für Leber und Verdauung.

Tee gegen Bauchweh

DAS BRAUCHST DU FÜR EINE TAGESRATION:

1 TL Schafgarbenkraut, getrocknet und zerkleinert
1 TL Minze, getrocknet und zerkleinert
1 TL Fenchelfrüchte

SO GEHT'S:

Alle Zutaten mischen und vor der Teezubereitung leicht mörsern. Pro Tasse 1 TL der Mischung mit heißem Wasser übergießen und 10 Minuten zugedeckt ziehen lassen. Dreimal täglich 1 Tasse trinken, maximal über 5 Wochen anwenden.

DREI-KRÄFTE-WEIN

Wein mit Schafgarbe, Löwenzahn und Angelikawurzel

Dieser Wein verhilft zu mehr Spannkraft, vitalisiert den Stoffwechsel und fördert die Verdauung.

DAS BRAUCHST DU:

1 EL Schafgarbe, Blätter und Blüten fein geschnitten
1/2 TL Löwenzahnwurzel, getrocknet
1/2 TL Angelikawurzel, getrocknet (aus dem Kräuterladen oder der Apotheke)
100–150 ml Likörwein (Portwein, Muskatwein o.Ä.)
1 Schraubdeckelglas

SO GEHT'S:

Alle Zutaten in das Glas geben, verschließen und beschriften. Bei Zimmertemperatur 14 Tage stehen lassen, währenddessen täglich schütteln, danach abseihen. Zweimal täglich 1 EL davon vor dem Essen einnehmen. Gekühlt ist dieser Wein eine sehr schmackhafte Medizin.

Spätestens seit Hildegard von Bingen wissen wir, dass vergorener Traubensaft, in Maßen getrunken, der Gesundheit zuträglich ist. Bei diesem Rezept werden dem Wein zusätzlich noch Kräuter- und Wurzelwirkung aufgesattelt. Wohl bekomm's!

Monika Engelmann

Ich liebe es, gemeinsam draußen etwas zu unternehmen

Als kleines Maikäferl kam ich 1970 in München zur Welt. Meine Jugend verlebte ich im Süden der Stadt in einem kleinen Häuschen mit großem Garten. Die damals noch ländlich anmutende Atmosphäre Forstenrieds fand sich auch bei uns daheim wieder. Mit ihren Obstbäumen, großflächigen Gemüsebeeten, üppig blühenden Rabatten und ihrem Kartoffelacker erinnerten unsere Grünflächen eher an einen Bauerngarten. Da durften natürlich auch Tauben, Hasen, Hühner und Gänse nicht fehlen.

So wurde meine Begeisterung für alles Grüne geweckt. Selbstverständlich hatte ich ein eigenes Beet, das ich unter kundiger Anleitung meiner Oma fleißig bewirtschaftete. Sie war es auch, die mich mit den Zusammenhängen der Natur vertraut machte und mir zeigte, wie ich die grünen Schätze nutzen kann.

Intensiviert wurde diese Liebe vor nunmehr gut 20 Jahren, als mein Mann und ich eine ehemalige Mühle im schönen Oberen Vogtland erwarben. Die artenreichen Blumen- und Kräuterwiesen dort haben es mir besonders angetan. Ich wollte es dann ganz genau wissen und begann eine Ausbildung zur zertifizierten Kräuterpädagogin.

Diese Entscheidung stellte mein Leben auf den Kopf!

Ich merkte, dass ich neben der Liebe zur Natur auch einen Riesenspaß daran habe, diese Freude mit anderen Menschen zu teilen. Seither veranstalte ich verschiedene Workshops zum Thema Natur und Gesundheit, unternehme Wildpflanzen-Entdeckungstouren mit anschließendem Genusskochen und halte Vorträge. Auch Backen im Holzbackofen, Seifensieden und die Imkerei fesseln mich seit Jahren. Schließlich war ich zur rechten Zeit am rechten Ort und wurde vom Bayerischen Fernsehen für die Sendung „Wir in Bayern“ als Kräuterexpertin entdeckt. Seit etlichen Jahren darf ich dort nun regelmäßig Tipps rund um Gesundheit und Wohlergehen geben.

Übrigens war es Aki Schwarzenberger, mit der ich meine ersten Filmerfahrungen gemacht habe. Das war wirklich ein aufregender Moment, hat aber auch viel Spaß gemacht! So ein Glück, dass Aki heute, neben meinen anderen liebgewonnenen Mitschreiberlingen, Teil unseres Teams ist.

Mein Lebensmotto: neugierig bleiben

Gemeinsam mit meiner lieben Kräuterfreundin Maite Schneider, und viel Hilfe von family and friends, eröffnete ich vor nunmehr sieben Jahren „Die Kräuterei“ im Gut Schloss Sulzemoos. Neben der Produktion von kleinen, feinen Kräuterschmankerln veranstalten wir dort viele Aktionen rund um unser Lebensthema. Komm uns doch mal besuchen auf *www.Die-Kräuterei.de*

Obwohl ich schon 2015 mit der Redaktion von „Wir in Bayern“ und meiner damaligen Fernsehkollegin Adelheid Lingg das Buch „Gesund und fit durch Kräuterkraft“ veröffentlicht habe, war unser kollektives Buchprojekt eine ganz besondere Erfahrung für mich!

Drei Jahre des gemeinschaftlichen Werkens mit allen Höhen und Tiefen. Dem Entdecken verborgener Talente, die in jeder von uns stecken und die durch unsere intensive Arbeit geweckt wurden. Ich frage mich, was ich wohl nach dem Erscheinen dieses Buches mit meiner freien Zeit anfangen werde. Ich bin sicher, es wird interessantes Neues kommen, denn das ist der besondere Reiz an der Natur: Es gibt immer was zu entdecken!

Mein Lebensthema gibt mir Lebensfreude

Schlehe

Die beschützende Fee

Mit meinem undurchdringlichen Dickicht aus Zweigen und langen Dornen biete ich dir behaglichen Schutz. Im Frühling kommuniziere ich über meine betörenden Düfte aus einem Meer von weißen Blüten und locke damit nicht nur Insekten an. Als mächtige Heil- und Wunderpflanze behüte und stärke ich dich!

So heiße ich

Du kennst mich unter Schlehdorn oder Schwarzdorn. Was mit meinem botanischen Namen herzlich wenig gemeinsam hat. Als nämlich Botaniker meine Eigenschaften erforschten, ordneten sie mich den Pflaumen zu und nannten mich fortan *Prunus spinosa* L., was dornige Pflaume heißt.

Meine Spitznamen

Weitere geläufige Namen beziehen sich auf meine Dornen und auf meinen Lebensraum, die Hecke: Schwarzdorn, Hagedorn und Heckendorn. Andere beziehen sich auf meine Früchte, wie Bockbeerli, Kietschkepflaume oder Sauerpflaume.

We are family

Als Urmutter der Pflaumen gehöre ich zu meiner großen Freude zur edlen Familie der Rosengewächse, botanisch *Rosaceae.* Viele meiner Verwandten, wie die Rosen und Obstbäume, sind bedeutend für die Menschen. Auch in meiner Gattung *Prunus* gibt es zahlreiche feine Obstarten (Aprikose, Kirsche, Mandel). Einer meiner eher unscheinbaren Geschwister ist der Frauenmantel.

Typisch für mich

Im zeitigen Frühjahr leuchtet mein weißes Blütenkleid weithin sichtbar über die Felder. Das ist meine Einladung an alle Insekten zum reichhaltigen Buffet. Meine Millionen von Blüten verströmen einen betörenden, zart nach Bittermandel riechenden Duft. Erst wenn ich mein weißes Blütenkleid abstreife, lasse ich meine Blätter wachsen. Von September bis November kannst du meine prachtvollen, kugeligen, dunkelblau bereiften Steinfrüchte ernten. Aber nimm dich beim Pflücken vor meinen spitzen Dornen in Acht! Rauchschwarze Rinde umhüllt meine Zweige und Äste.

Insektenbesuch

Jede Blüte spricht ganz spezielle Insekten an. Hier spielt die Farbe der Blütenblätter, deren Form und Größe, wie auch der Duft eine entscheidende Rolle. Die Botschaft dieses Gesamtpakets, inklusive aller für uns auch manchmal ungewöhnlich bis übelriechender Duftnoten, verstehen nur die eigens dafür vorgesehenen Bestäuber. Hier hat die Natur eine fantastische Symbiose eingerichtet.

Endlich frischer Nektar

Das blaue Wunder für Vögel

Hier wachse ich besonders gern

Mein Lieblingsstandort ist der Waldrand. Idealerweise ist es dort sonnig, der Boden ist locker, kalkhaltig und nährstoffreich, dann breite ich mich mit meinen Kriechwurzeln und Schösslingen freudig aus.

Barbarazweige

Bis heute feiert ihr jedes Jahr am 4. Dezember, dem Namenstag der heiligen Barbara. Der Heiligen zu Ehren schneidet ihr an diesem Tag Zweige von uns Obstbäumen ab. Holt diese zu euch in die warme Stube und stellt sie ins Wasser. Haben die Barbarazweige natürlichen Frost abbekommen, blühen sie brav pünktlich zu Weihnachten und versprechen ein glückliches neues Jahr.

Blütenwolken am Waldesrand

Das steckt in mir

Hättest du gedacht, dass meine Blüten Spuren von Blausäureglykosiden enthalten? Dieser gefährlich klingende Stoff ist für meinen bezaubernden Geruch verantwortlich, der dich an Bittermandel und somit an leckeres Marzipan erinnert. Mit kleinen Mengen davon kann der menschliche Körper umgehen. Auch antioxidativ wirkende Flavonoide findest du in meinen Blüten. Darüber hinaus bieten meine Früchte viel Vitamin C, Mineralstoffe und Anthocyane. Wie auch blaue Trauben enthalten meine Fruchtschalen pilzhemmendes Resveratrol. In meinen Blättern und im Holz stecken unter anderem Quercetin, Amygdalin und Pektine. In meinem gesamten Organismus sind reichlich Gerbstoffe verteilt.

Dabei helfe ich dir

Die Volksmedizin schreibt dem Tee aus meinen Blüten eine mild abführende Wirkung zu. Auch eine schöne, jugendliche Haut kannst du mithilfe meiner Blüten bekommen. Produkte aus meinen Früchten fördern den Stoffwechsel, stärken die Abwehrkräfte und stärken den Körper nach langer Krankheit. Sogar meine Rinde ist wertvoll: Hildegard von Bingen hat sie in Form eines Heilweins gegen Gicht und Rheuma empfohlen.

Gerbstoffe

Gerbstoffe erzeugen ein pelziges, stumpfes, zusammenziehendes Gefühl im Mund. Das kommt daher, dass die wasserlöslichen Gerbstoffe eine netzartige Verbindung mit den Eiweißmolekülen aus der Mundschleimhaut eingehen. Es entsteht ein unlöslicher Gerbstoff-Eiweiß-Komplex, der wie eine Schutzmembran wirkt. In den obersten Hautschichten wird Wasser verdrängt, zusätzlich werden Glycoproteine im Speichel ausgefällt. Diese chemische Reaktion wird als adstringierend empfunden. Da schädliche wie auch nützliche Bakterien Eiweiß beinhalten, verändern sie durch diesen Verbindungsprozess mit Gerbstoffen ihre Vitalität. Das Wirkungsspektrum von Gerbstoffen ist daher breit. Sie sind entzündungshemmend, austrocknend, blutstillend und unterstützen die Wundheilung.

Achtung, Verwechslungsgefahr!

Ohne Blätterkleid kannst du mich schon mal mit dem ebenfalls wehrhaften Weißdorn verwechseln. Doch ich blühe noch vor meinem Blattaustrieb. Beim Weißdorn wirst du zuerst die Blätter und erst ein wenig später die Blüten entdecken. Unser völlig unterschiedlich aussehendes Laub schließt dann jede Verwechslung aus. Auch unsere Früchte sind absolut verschieden. Beim Weißdorn sind sie klein und rot und ich habe kugelige dunkelblaue Früchte. Verwechseln kannst du mich eventuell mit anderen Wildkirschen und Wildpflaumen. Sie haben weniger Dornen, reifen sehr viel früher und können blau, violett, rot oder gelb sein.

Weißdorn blüht erst, wenn das Laub sprießt

Pflück mich

Sobald Insekten meine Blüten besuchen, ist der richtige Zeitpunkt zum Sammeln gekommen. Meine volle Heilwirkung steckt in der späten Knospe und in der jungen Blüte. Meine Früchte erntest du am bequemsten, wenn ich bereits meine Blätter verloren habe. Sie schmecken sehr herb, sind aber ein wahrer Leckerbissen für alle Vögel. Erst wenn Väterchen Frost mich geküsst hat, entwickle ich meine volle Süße. Friere deshalb deine Schlehenernte für mindestens eine Nacht ein, bevor du sie verarbeitest. Durch den Frost verwandeln sich meine Gerbstoffe in süß schmeckende Kohlenhydrate.

Bei der Schlehe ist zur Blüte noch kein Blatt in Sicht

Kurz vor dem „Schlüpfen" sind die Knospen erntereif

So sieht ein erntereifer Leckerbissen aus

Was du sonst noch über mich wissen solltest

In Zeiten, als es noch keine Zäune im Baumarkt zu kaufen gab, pflanzten mich die Menschen als Wehrhecken, denn ich bot Schutz vor bösen Menschen, wilden Tieren, Krankheiten, Wind und Wetter. Für viele Tiere hat mein Dickicht auch heute noch höchste Bedeutung. Der Neuntöter, ein mittlerweile seltener Vogel, spießt seine Beutetiere auf meine spitzen Dornen und nutzt mich als Freiluft-Vorratskammer. Für Bodenbrüter bin ich das Schutzgehölz Nummer eins!

Das hättest du nicht von mir gedacht

Leidenschaftliche Holzwerker wissen um meine Kostbarkeit und stellen individuelle Jagd- und Bergstöcke aus meinem Holz her. Der Zeitaufwand für das Suchen, Finden und Bearbeiten des Stocks ist hoch. Mein attraktives Aussehen nach der Bearbeitung verdanke ich abgeschliffenen Ast- und Dornansätzen, die in ihrer Struktur an ein Auge erinnern. Auch Drechsler schätzen die Eigenschaften meines Holzes sehr, ich bin hart und unverwüstlich, also perfekt, um Handwerkzeuge herzustellen. Aus meiner Borke gewannen Färber früher einen tiefroten Farbstoff.

So schöne Augen verbergen sich unter den Dornen

Was andere über mich sagen

Bauern und Jäger schnitzten sich Stöcke und Speere aus meinem sehr harten Holz. Spinnerinnen lutschten meine Früchte während ihrer Arbeit, um genug Speichel im Mund zu produzieren. Den brauchten sie, um den Spinnfaden besser zu drehen. Seit ich mich erinnern kann, gelte ich bei den Menschen als Symbol der Fruchtbarkeit. Eine Legende erzählt davon, dass aus meinen Zweigen die Dornenkrone Jesu geflochten wurde. Andere Pflanzen kreideten mir diese unglückliche Begebenheit an und mieden mich. Als Zeichen, dass Gott mir verzieh, überschüttet er mein Astwerk jedes Frühjahr mit zigtausenden von schneeweißen Blüten, symbolisch für meine Unschuld.

Wilde Küche

Mit der Schlehe zauberst du pink-lila Fruchtträume

Alle Rezepte sind für 4 Personen, falls nicht anders angegeben

ROSAROTER FEENZAUBER

Schlehen-Tiramisu

Ein richtiger Prinzessinnenschmaus für die Kaffeetafel

DAS BRAUCHST DU:

Für den Biskuit

2 Eier
100 g Honig
1 Prise Vanillepulver
2 EL Wasser, kalt
100 g Dinkelvollkornmehl
1 TL Backpulver
Butter für die Auflaufform

Für den Belag

300 g Schlehenfrüchte
300 g Äpfel
etwas Apfelsaft
3 EL Honig
50 ml Schlehenlikör
1 Becher Sahne, geschlagen
1 Becher Schmand (alternativ: Crème fraîche)

Frost tut gut

Pflücke Schlehenfrüchte nach den ersten Frösten oder friere sie nach der Ernte ein paar Tage ein. Dadurch reduzieren sich die Gerbstoffe und der feine Fruchtgeschmack kommt besser zur Geltung.

SO GEHT'S:

Zuerst die Eier trennen. Das Eiweiß steif schlagen und beiseitestellen. Eigelbe mit Honig, Vanille und Wasser schaumig rühren. Vollkornmehl mit Backpulver gut vermischen und im Wechsel mit dem Eiweiß vorsichtig unter die Eigelbmasse heben. Teig in eine gefettete Auflaufform gießen und ca. 10 Minuten bei 180 °C Umluft im Backofen backen, danach abkühlen lassen. Schlehen, entkernte und geviertelte Äpfel mit etwas Apfelsaft weich kochen und durch ein Sieb passieren. Mit dem Honig und der Hälfte des Likörs abschmecken. Biskuit mit dem restlichen Likör tränken, Fruchtmus mit Sahne und Schmand mischen und auf dem Biskuit in der Form verteilen.

SCHLEHEN-WEIHNACHT

Schlehen-Kipferl

Dieses Rezept erfordert eine Nacht „Vorlaufzeit"!

DAS BRAUCHST DU:

100 g Schlehenfrüchte
150 g Zucker
100 g Mandeln, geschält und gemahlen
200 g weiche Butter
1 TL Orangenschale, gerieben
250 g Mehl

SO GEHT'S:

Am Vorabend Schlehen mit sehr wenig Wasser weich kochen und durch ein Sieb passieren. Für den Schlehen-Fruchtzucker 1/3 des Fruchtmuses mit 75 g Zucker in einem Mörser vermahlen und auf einem Butterbrotpapier auf der Heizung über Nacht oder im Ofen bei ca. 40 °C Umluft trocknen lassen. Das dauert etwa 2 Stunden. Danach erneut kurz mörsern. Die restlichen 2/3 des Fruchtmuses für den nächsten Tag in den Kühlschrank stellen.
Am nächsten Tag die gemahlenen Mandeln unter ständigem Rühren in einer Pfanne ohne Fett rösten, bis sie duften. Abkühlen lassen. Butter mit den restlichen 75 g Zucker schaumig rühren, Mandeln, Orangenschale, Mehl und das restliche Fruchtmus einrühren. Den Teig zu Rollen formen (1,5 cm ø) und auf einem Butterbrotpapier für 1–2 Stunden zugedeckt in den Kühlschrank stellen. Teigrollen anschließend in 5 cm lange Stücke schneiden und zu Kipferln formen. Auf mit Backpapier belegte Bleche setzen und bei 170 °C Umluft ca. 12 Minuten backen.
Die noch heißen Kipferl vorsichtig im Fruchtzucker wälzen und abkühlen lassen.

Pink Christmas

STÜCK FÜR STÜCK ZUM GLÜCK

Schlehen-Quitten-Fruchtleder

DAS BRAUCHST DU:

250 g Schlehen
500 g Quitten, abgerieben, aber nicht geschält
200 g Honig

SO GEHT'S:

Gewaschene und geputzte Früchte mit wenig Wasser kochen, bis sie sich vom Kern lösen. Passieren, fein pürieren und den Honig zugeben. Auf ein mit Backpapier belegtes Blech ½ cm dick aufstreichen und im Backofen bei höchstens 40 °C trocknen, bis die Oberfläche der Fruchtpaste nicht mehr klebrig ist. Die Trockenzeit variiert je nach Ofenleistung und Wassergehalt des Fruchtpürees, dauert aber mindestens 5 Stunden. Das Backpapier abziehen und das Fruchtleder in Streifen oder Rauten schneiden, alternativ mit Plätzchenausstechern Motive ausstanzen. Gut durchgetrocknet hält das Fruchtleder in verschlossenen Behältern mehrere Monate.

Mit Gewürzen wie Zimt und Kardamom wird aus dem Fruchtleder ein weihnachtliches Konfekt

Alternative:
Du kannst das Rezept nach Belieben variieren. Es können Gewürze wie Zimt, Kardamom oder Ingwer dazukommen oder Breitwegerichsamen für eine knackige Variante. Du kannst auch mit anderen Wildfrüchten wie Kornelkirschen und Hagebutten experimentieren. Ersetzt du einen Teil des Obstes durch Gemüse, senkst du den Fruchtzuckeranteil und erhöhst den Anteil an wertvollen Pflanzeninhaltsstoffen.

SCHLEHEN-SCHMELZ-DUO

Mediterrane und weihnachtliche Schlehbeeren-Butter

Herrlich farbige und würzige Butterüberraschung

DAS BRAUCHST DU:

Für das Grundrezept

2 Handvoll Schlehenfrüchte (ca. 100 g)
1/2 geschälte Orange, klein geschnitten
1 TL Honig
250 g Butter zimmerwarm

Für die mediterrane Variante

2 Prisen Salz
2 Prisen Pfeffer
2 TL Rosmarin gemahlen

Für die weihnachtliche Variante

1 TL Honig
2 TL Lebkuchengewürz
1 Prise Salz
1 Prise Pfeffer

SO GEHT'S:

Die Schlehen mit der Orange und dem Honig auf kleiner Flamme weich kochen und anschließend durch ein Sieb streichen, um die Kerne und die Orangenhaut zu entfernen. Während das Mus abkühlt, die Butter schaumig schlagen.
Gewürze – je nach Lieblingsvariante – jeweils in das Fruchtmus geben und in die schaumig geschlagene Butter einrühren. In Eiswürfelformen oder Ausstecher füllen, kühl stellen oder einfrieren. Ein paar Tage durchziehen lassen.

GOURMET-PRALINÉS

Schlehen-Marzipan-Kugeln

DAS BRAUCHST DU:

100 g Schlehen
250 g Rohmarzipan
abgeriebene Schale von 1 Orange
30 g Schokoladenkuvertüre
Kokosraspeln

SO GEHT'S:

Die Schlehen mit etwas Wasser aufkochen und durch ein Sieb passieren. Marzipanmasse mit dem Schlehenmus und der Orangenschale verkneten und kleine Kugeln daraus formen. Kuvertüre im Wasserbad auflösen. Kugeln mit Kuvertüre überziehen, auf einem Kuchengitter abtropfen lassen und nach Belieben mit Kokosraspeln bestreuen.

Unwiderstehliche Genuss-Kugerln

WUNSCH-PUNSCH

Schlehenfrucht-Punsch

DAS BRAUCHST DU:

500 ml Schlehensaft aus etwa 1 kg Früchten
375 ml Rotwein
Zucker oder Honig nach Geschmack
Saft von 1 Orange
2–3 Nelken
1 Zimtstange
1–2 Sternanis

SO GEHT'S:

Schlehensaft und Rotwein langsam erhitzen, nicht kochen! Zucker oder Honig und Orangensaft zufügen. Die Gewürze in einen Teefilter geben und in den Topf hängen. Den Herd ausschalten und den Punsch bei geschlossenem Deckel 10–20 Minuten ziehen lassen. Anschließend den Gewürzbeutel entfernen und genießen bis die Zehen glühen!

Gibt's viel Weißdorn und viel Schleh'n, bringt der Winter kalte Zeh'n!

Omas Saftgewinnung von anno dazumal

Funktioniert für alle Früchte und Beeren!

Für diesen Entsafter wie aus grauer Vorzeit brauchst du nur einen Küchenhocker, ein Mulltuch (1 x 1 m aus festem Leinen) oder einen auskochbaren Stoffbeutel, eine hohe Schüssel, einen hohen Topf und einen langen Holzlöffel. Meine Urgroßmutter hat den Küchenhocker umgedreht und die vier Ecken des Mulltuchs an den vier Hockerbeinen fest verknotet oder mit Einmachgummis befestigt.

Omas Methoden funktionieren heute noch

SO GEHT'S:

Die Früchte in einem hohen Topf gut mit Wasser bedecken, bis zum Siedepunkt erhitzen, nicht kochen. Den Fruchtansatz erkalten lassen. Am zweiten Tag den Vorgang wiederholen. Am dritten Tag erneut bis zum Siedepunkt erhitzen, die heiße Masse dann in das vorbereitete Tuch zwischen den Hockerbeinen gießen. Nun fließt der Saft über mehrere Stunden in die darunter platzierte Schüssel. Durch diese Methode erhältst du einen klaren Fruchtsaft. Presst du allerdings den letzten Safttropfen aus dem Tuch, wird der Saft trüb.

Gut, diese Art der Saftgewinnung ist nicht unbedingt etwas für Eilige, aber Omas Methoden feiern vielleicht gerade deshalb heutzutage ein Comeback. Du kannst im Freien entsaften und damit deinen Balkon oder die Terrasse zur Outdoor-Kitchen umfunktionieren.

WOLKENBLÜTEN-TEE

Schlehenblüten-Tee

Pflücke die Schlehenblüten im zeitigen Frühjahr und trockne sie. Sie entfalten einen leichten Duft nach Bittermandel.

DAS BRAUCHST DU:

2 TL Schlehenblüten, getrocknet
200 ml Wasser

SO GEHT'S:

Wasser aufkochen und die Blüten damit übergießen. 10 Minuten ziehen lassen und evtl. mit Honig süßen. Pfarrer Kneipp empfahl den Tee als unschädliches Abführmittel, das gleichzeitig magenstärkend ist. Zudem regt der Tee den gesamten Stoffwechsel und die Blasen- und Nierentätigkeit an.
Zur Blutreinigung als Kur angewandt, sollten täglich 2–3 Tassen Tee über 4–6 Wochen hinweg getrunken werden.

BLAUES KRAFTMUS

Schlehenfrucht-Mus

DAS BRAUCHST DU:

250 g Schlehenfrüchte, gewaschen und tiefgefroren
100 ml Weißwein
50 g Honig
1–2 Schraubgläser, sterilisiert

SO GEHT'S:

Die tiefgefrorenen Früchte im Weißwein weich kochen, anschließend sorgfältig durch ein Sieb streichen und den Honig unterrühren. Noch warm in saubere Schraubgläser füllen und verschließen. So hält das Schlehenmus etwa 1 Monat.
In der Volksheilkunde wird das Mus als Kräftigungsmittel nach längeren Krankheiten eingesetzt, zur allgemeinen Stärkung der Immunabwehr und zur Anregung des Appetits. Dazu 1–2 EL davon pur oder auf dem Frühstücksbrot essen.

Das i-Tüpferl:
Wenn das Schlehenmus zu herb ist, gib noch etwas mehr Honig hinzu.

Herb, aber gesund

SCHNEEWITTCHEN-ÖL

Schlehenblüten-Pflegeöl

Für gereizte und trockene Haut

DAS BRAUCHST DU:

2 EL Schlehenblüten, getrocknet
100 ml Jojobaöl
5 Tropfen ätherisches Rosenholzöl
5 Tropfen ätherisches Lavendelöl
1 Schraubglas
1 Lichtschutzflasche

SO GEHT'S:

Alle Zutaten in ein Schraubglas füllen und darauf achten, dass wirklich alle Blüten komplett mit Öl bedeckt sind. Gut verschlossen etwa 3 Wochen bei Zimmertemperatur ziehen lassen, dabei gelegentlich aufschütteln. Auch hier beachten, dass alle Blüten mit Öl benetzt sind. Danach durch ein feinmaschiges Sieb abgießen und kühl gelagert in einer Lichtschutzflasche aufbewahren.

Alternative:

Bei empfindlicher Haut auf die Zugabe der ätherischen Öle verzichten.

SCHLUMMERTRUNK

Schlehenblüten-Milch für guten Schlaf

DAS BRAUCHST DU:

1 EL frische oder 1 TL getrocknete Schlehenblüten
200 ml Hafermilch oder Kuhmilch
1 EL Honig

SO GEHT'S:

Die Blüten kurz in der Milch aufkochen, dann abseihen, Honig zugeben und umrühren. Schlehenblüten-Milch etwa eine halbe Stunde vor dem Zubettgehen trinken. Genieße die ruhige und tiefe Nachtruhe!

Schneeweißchens Schlummertrunk für süße Träume

PHÖNIX-ELIXIER

Elixier aus Schlehenasche

Bereits Hildegard von Bingen verordnete ein Elixier mit Schlehen-Asche als harntreibendes und ausleitendes Mittel bei Gicht und rheumatischen Beschwerden.

DAS BRAUCHST DU:

20 g Schlehenasche
20 g Gewürznelkenpulver
30 g Zimtpulver
80 g Honig
1/2 l Weißwein
1 Flasche

SO GEHT'S:

Schlehenasche kann in Hildegard-Apotheken erworben oder selbst hergestellt werden. Selbermacher sammeln grünes oder trockenes Schlehenholz und verbrennen es in einer Pfanne. Dazu braucht es etwas Geduld. Die kleinen Kohlestückchen anschließend zu feiner Asche zermahlen.

Alle Zutaten in einen Topf geben, aufkochen, durch ein Tuch filtern und in eine saubere Flasche füllen. Bei kurmäßiger Anwendung 1 EL dreimal täglich nach dem Essen einnehmen. Es wird empfohlen, nach 4 Wochen eine Pause von 14 Tagen einzulegen. Anschließend die Einnahme wiederholen. Das Schlehenelixier ist etwa 3 Monate haltbar, nach dem Öffnen sollte es aber im Kühlschrank gelagert und innerhalb 1 Woche aufgebraucht werden.

In dieser Flasche lebt der Geist der Asche

AUGEN-RELAX-KISSEN

Schlehenkern-Kissen

Ein Augen-Relax-Kissen ist eine hervorragende Hilfe bei müden Augen oder Kopfschmerzen.

DAS BRAUCHST DU:

Schlehenkerne
1 kleiner Kissenbezug

SO GEHT'S:

Schlehenkerne, die bei der Verarbeitung von Schlehen übrig bleiben auskochen, abseihen und abbürsten. Die Kerne bei ca. 100 °C im Backofen trocknen. Sind sie abgekühlt, eventuell noch mit einem Geschirrtuch abrubbeln. In eine Kissenhülle füllen.
Um eine hygienische Verwendung in der ganzen Familie zu ermöglichen, den Bezug mit Klett- oder Reißverschlüssen anfertigen. So kann der Überzug gewechselt und bei Bedarf gewaschen werden. Die kleinen Schlehenkerne sind leicht und schmiegen sich gut an. Das Kissen kannst du kalt oder warm anwenden.
Für die Kaltanwendung das Kerne-Kissen vorher 5–10 Minuten ins Eisfach legen.
Für die Warmanwendung das Kerne-Kissen im Backofen bei 80 °C ca. 10–15 Minuten oder in der Mikrowelle bei 600 Watt 1 Minute erwärmen. Vor Anwendung Temperatur prüfen.

Spitzwegerich

Hilfreicher Kumpan für unterwegs

Outdoor begleite ich dich auf Schritt und Tritt! Fraglos bin ich der pflanzliche Wundheiler Nummer eins, und das schon seit Jahrtausenden. Als Reisender habe ich die Grenzen Europas schon lang überschritten, du findest mich mittlerweile weltweit. Kulinarisch überrasche ich mit meinem köstlichen Champignongeschmack.

So heiße ich

Der Volksmund erhob mich und meine Wegerich-Brüder schon vor langer Zeit zu Königen des Weges. Damals bedeutete das Wort „wega" noch Weg und „rih" stand für König. Meine langgezogenen spitzen Blätter brachten mir den Eigennamen Spitzwegerich ein. Mein botanischer Name *Plantago lanceolata* L. bezieht sich ebenfalls auf meine äußere Erscheinung. Salopp übersetzt meint er, mein Blatt ähnele einem schmalen, langen Fuß.

Meine Spitznamen

Über die Jahrhunderte habe ich im deutschsprachigen Raum Spitznamen wie Wundwegerich, Heilwegerich, Lungenblattl, Spießkraut, Ripplichrut, Katzenschwanz, Schlangenzunge, Schafzunge, Sohlenkraut oder Wegtritt bekommen. Sie deuten allesamt auf mein Aussehen und meine vielfältige Hilfsbereitschaft hin. In Frankreich bin ich übrigens das Hasenohr („oreille de lièvre").

We are family

Wie meine Brüder, der Breitwegerich und der Mittlere Wegerich, stamme ich aus der Familie der Wegerichgewächse, botanisch *Plantaginaceae*. Falls du mal auf uns trittst, stehen wir gleich wieder auf. Selbst verdichteter und versalzter Boden machen uns nichts aus, denn wir sind sehr robust. Stell dir vor, obwohl wir den König im Namen tragen, sind wir oft als blinde Passagiere unterwegs. Kaum werden wir nass, werden unsere Samen schleimig und bleiben überall haften. Angeklebt an Schuhsohlen, an Tierpfoten und -fellen, an Rädern und Säcken können wir ganz ohne eigene Füße weite Strecken zurücklegen. So reisen wir von Ort zu Ort, von Land zu Land und über ganze Kontinente. Wir sind Paradebeispiele für Kulturfolger!

Die Fußstapfen des weißen Mannes

Der Wegerich schaffte mithilfe der ersten europäischen Auswanderer den Sprung über den Atlantik. Beim Anblick dieser zugereisten Pflanze wusste jeder Indianer Nordamerikas sofort, dass der weiße Mann schon da war, und sie gaben ihm den Namen „Fußstapfen des weißen Mannes".

Typisch für mich

Ich, der Spitzwegerich, bin eine ausdauernde, krautige Pflanze. Ich werde bis zu 50 cm hoch und meine weit verzweigten Wurzeln können bis zu 80 cm in die Tiefe reichen. Daher macht mir Trockenheit nichts aus. Ich falle dir gleich mit meinen langen, hochstehenden, spitzen Blättern auf, die alle aus einer Rosette entspringen. Drehst du mein Blatt um, kannst du fünf Längsrippen entdecken. Von Mai bis September trage ich walzenförmige Blütenähren mit zarten, cremefarbenen Staubbeuteln. Duft und auffällige Farben habe ich mir gespart, denn zur Bestäubung gebe ich mich dem Wind hin. Einzig mein mittlerer Bruder treibt es bunt, er blüht blass-lila und vertraut seinen Fortbestand den Insekten an.

Während ich auf den Wind warte …

… sehnt sich der Mittlere Wegerich nach Insekten

Hier wachse ich besonders gern

Wegraine, trockene Plätze am Wegesrand, Pflasterfugen, Schutt- und Ödflächen sind meine bevorzugten Lebensräume. Du findest mich auch auf mäßig stickstoffreichen Wiesen und Almweiden. Gerne wachse ich in Gruppen und verschaffe mir mit meinen dichten Wurzelausläufern genügend Platz für mich und meine Nachkommen. Lasst mich über die kalte Jahreszeit stehen, dann erfreue ich viele Insekten und Vögel mit meinen nahrhaften Samen.

Das steckt in mir

Das Geheimnis meiner herausragenden Wirkung liegt in meinen frischen Blättern. Sie enthalten einhüllende Schleimstoffe, zellschützende Flavonoide, adstringierende Gerbstoffe, verdauungsanregende Bitterstoffe, zellstärkende Kieselsäure, Zink, Kalium und reichlich Vitamin C. Besonders mein antibakteriell wirkendes Aucubin möchte ich hervorheben! Aber aufgepasst: Meine Schleimstoffe und das Aucubin verlieren durch Überbrühen oder Kochen ihre Wirksamkeit!

Dabei helfe ich dir

Hast du unterwegs in der freien Natur Probleme mit Insektenstichen, Verbrennungen, Schwellungen, Schürfwunden oder wässrigen Blasen, wirst du froh sein, mich zu kennen und zu finden. Bei Juckreiz und Schwellung empfehle ich mich äußerlich als Wiesenpflaster (siehe rechts). Stehe ich gerade nicht zur Verfügung, kannst du auch die Blätter des Breitwegerichs verwenden. Innerlich angewandt als Tee oder Smoothie reinige ich dein Blut, helfe bei Husten, Heiserkeit und Entzündungen der Atemwege. Gurgelst du mit Tee aus meinen Blättern, ist das eine Wohltat für deine entzündete Mundschleimhaut. Auch die Wissenschaftler habe ich von meinen Heilkräften überzeugt. In der modernen Phytotherapie setzen sie mich erfolgreich ein.

Wiesenpflaster

Sammle ein besonders saftiges langes Blatt, säubere es, drücke und quetsche es, bis der Saft austritt und lege es auf die verletzte Stelle. Der Pflanzensaft kühlt die Wunde, lindert den Schmerz und fördert die Wundheilung. Gut hilft das bei kleinen Wunden, Insektenstichen sowie Quaddeln von Brennnesseln und Ameisensäure. Um einen verletzten Finger gewickelt ist das Wiesenpflaster sehr beliebt bei Kindern.

Achtung, Verwechslungsgefahr!

Mein Blatt ist so typisch und so einzigartig geformt – spitz, lanzettlich, mit fünf Rippen –, dass mich eigentlich nur Menschen, für die grün gleich grün ist, von Gräsern nicht unterscheiden können. Wenn du mein Blatt quer zerreißt, dann erscheinen die Fäden meiner fünf Blattadern und du hast den Beweis dafür, dass ich es wirklich bin.

Pflück mich

Meine Blätter stehen dir vom zeitigen Frühjahr bis in den späten Herbst zu Diensten. Für Wildsalate, Gemüse oder für Blattrouladen eignen sie sich besonders gut. Selbst die Blütenknospen kannst du frisch knabbern oder essigsauer einlegen. Frisch verwendet bringen sie ein wenig Pilzgeschmack in jeden Salat. Wenn du dir die Mühe machst und meine kleinen frischen Samenfrüchtchen sammelst, kannst du diese als schmackhaftes Gewürz verwenden.

Vom Spitzwegerich kannst du alles verwenden

Was du sonst noch über mich wissen solltest

Als die Menschen noch nichts von Inhaltsstoffen und deren Wirkung wussten, haben sie fantasievolle Mutmaßungen angestellt. So war beispielsweise der Standort ein Merkmal für mögliche Einsatzgebiete. Es lag daher nahe, dass Pflanzen auf Wegen oder direkt am Wegesrand den Füßen guttun müssten. Und tatsächlich ist ein in die Schuhe gelegtes Blatt von mir oder dem Breitwegerich sehr wohltuend bei wunden und müden Füßen.

Wegerich-Orakel

Stelle dir eine Frage, die mit einer Zahl von null bis fünf beantwortet werden kann. Zum Beispiel: Wie viele andere Mädels hat mein Liebster schon geküsst? Wie oft wurde ich heute schon beschwindelt? Wie viele Kinder werde ich bekommen? Nun zerreiße mein Blatt oder das vom Breitwegerich quer und zähle die heraushängenden Fäden. So wirst du es erfahren!

Das hättest du nicht von mir gedacht

Ich bringe mit meinen Samen deine Verdauung in Schwung. Sie sind die heimische Alternative für Flohsamen.

Was andere über mich sagen

Vernascht wurde ich bereits in der Eisenzeit. Stell dir vor, Archäologen fanden meine Samen in Mägen von Moorleichen. Später wusste mich Hildegard von Bingen auf ihre ganz spezielle Art und Weise anzuwenden. Sie kurierte Liebeskummer mit einer fünftägigen Spitzwegerich-Teekur. Ob das auch heute noch bei gebrochenem Herzen funktioniert? In früherer Zeit wurde noch so mancher Schabernack mit mir getrieben: Ich sollte doch tatsächlich gegen Dämonen und Krankheiten feien. Dazu trugen Reisende wie Händler, Gaukler und Wahrsager, meine Wurzeln als schützendes Amulett um den Hals. Mein Pflanzengeist sollte Frauen bei der Niederkunft vor übermäßigem Blutverlust und dem Kindbetttod schützen. Dafür hielten die Gebärenden meine Wurzel in der linken Hand.

Wiesenkanone

Bei diesem alten Kinderspiel gewinnt derjenige, der den Blütenstand am weitesten schießen kann. Dazu braucht man einen möglichst langen und nicht zu harten Spitzwegerichstängel mit Blütenstand. Rechtshänder halten den Stängel auf halber Höhe in der linken Hand. Mit der rechten Hand das untere Stielende ergreifen und damit im Uhrzeigersinn von vorne nach hinten eine Schlinge um den Stiel oberhalb der linken Hand machen. Mit Daumen und Zeigefinger der rechten Hand die Schlinge geschlossen halten und nun mit Schwung und einer beherzten Vorwärtsbewegung den Blütenkopf nach vorne abschießen. Wer schießt am weitesten? Übung macht den Meister!

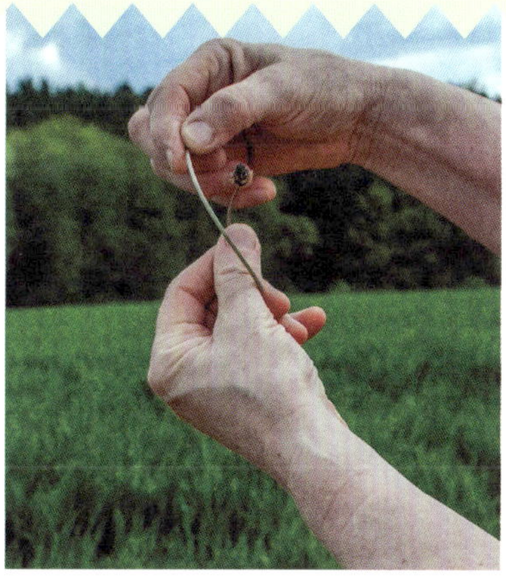

Wilde Küche

Diese Spitzwegerich-Rezepte werden für dich bestimmt
zum herzhaften Wegbegleiter
Alle Rezepte sind für 4 Personen, falls nicht anders angegeben

KÖNIGSRÖLLCHEN

Spitzwegerich-Involtini

DAS BRAUCHST DU:

16 große Spitzwegerichblätter

Für die Marinade

30 ml Olivenöl
30 ml Wasser
20 ml Zitronensaft
1 TL Apfeldicksaft oder Honig
Salz (falls vorhanden Spitzwegerich-Salz), Pfeffer

Für die Füllung

1 Handvoll Wildpflanzen, wie Knoblauchsrauke, Bärlauch, Wiesen-Schaumkraut, Gänseblümchen, Dost oder Wiesen-Labkraut
50 g Feta, klein gewürfelt
100 g Hüttenkäse
1 Knoblauchzehe, fein gehackt
1 Handvoll Spitzwegerichknospen

Wilde Vorspeise für Kräuterfreunde

SO GEHT'S:

Die Spitzwegerichblätter waschen, trocken tupfen und auf einem Brett auslegen. Für die Marinade Olivenöl, Wasser, Zitronensaft und Apfeldicksaft verquirlen und mit Salz und Pfeffer würzig abschmecken. Die Spitzwegerichblätter mit einem Teil dieser Marinade einstreichen. Die restlichen Wildpflanzen waschen und klein schneiden. Feta, Hüttenkäse, Wildpflanzen, Knoblauch und einen Teil der Spitzwegerichknospen vermengen. Jeweils 1 EL der Füllung auf ein mariniertes Blatt geben, aufrollen und alle Röllchen dekorativ in einer Schale anrichten. Die restliche Marinade darübergießen und ca. 1 Stunde im Kühlschrank ziehen lassen. Vor dem Servieren mit Spitzwegerichknospen garnieren.

Alternative:
Als Umhüllung für diese schmackhafte Vorspeise eignen sich auch große, doppelt gelegte Blätter der Knoblauchsrauke.

FLAMMKUCHEN À LA WIESE

Spitzwegerich-Champignon-Fleckerl

DAS BRAUCHST DU:

Für den Teig

1 Würfel frische Hefe
etwa 100 ml lauwarmes Wasser
300 g Dinkelvollkornmehl
1 Prise Salz
2 EL Olivenöl

Für den Belag

200 g Schmand (alternativ: Crème fraîche)
100 g saure Sahne
Salz, Pfeffer
etwas Muskatnuss, gemahlen
2 Zwiebeln
12 große Champignons
2 Handvoll Spitzwegerich-blätter
1 Handvoll Spitzwegerich-knospen
Olivenöl

SO GEHT'S:

Hefe in etwas vom lauwarmen Wasser auflösen. Das Mehl mit dem Salz, dem Öl, der aufgelösten Hefe und dem restlichen Wasser mischen und zu einem elastischen Teig verarbeiten. Mit einem Tuch abdecken und kurz ruhen lassen.

Den Schmand mit saurer Sahne, Salz, Pfeffer und einer Prise Muskatnuss verrühren. Zwiebeln in feine Streifen schneiden. Pilze und Spitzwegerichblätter fein schneiden, mit den Knospen und etwas Olivenöl vermischen.

Den Teig vierteln und jedes Viertel zu einer dünnen, ovalen Teigplatte ausrollen. Mit der Schmandmischung bestreichen und mit Zwiebeln sowie der Pilz-Spitzwegerich-Mischung belegen. Bei 200 °C im Backofen bei Umluft etwa 10 Minuten backen.

Alternative:
Wer es knusprig mag, lässt die Hefe im Teig weg.

Aromaharmonie: Pilze und Spitzwegerich

WEGERICH-KISSERL

Spitzwegerich-Gnocchi mit Knospenbutter

Kollektive Kisserlproduktion

Das Ergebnis: buttrig brutzelnde Wegerich-Gnocchi

DAS BRAUCHST DU:

Für den Teig

500 g mehlige Kartoffeln
200 g Mehl
1 Eigelb
2 Handvoll Spitzwegerichblätter, sehr fein geschnitten
40 g Butter, zerlassen
1–2 TL Salz
1 Prise Muskatnuss, gemahlen
Mehl für die Arbeitsfläche

Für die Knospenbutter

100 g Butter
1 Handvoll Spitzwegerichknospen
Chiliflocken

SO GEHT'S:

Die Kartoffeln gar kochen, noch warm schälen. Die Kartoffeln durch eine Kartoffelpresse drücken, ausdämpfen und erkalten lassen. Kartoffelmasse mit Mehl, Eigelb, Spitzwegerichblättern und flüssiger Butter vermengen. Mit Salz und Muskatnuss abschmecken, zu einem homogenen, elastischen Teig verkneten. Den Teig sofort weiterverarbeiten, die Arbeitsfläche dafür mit genügend Mehl bestäuben. Aus dem Teig dünne Rollen formen und in etwa 2 cm breite Stücke schneiden, etwas flach drücken. Wer mag, kann mit einer Gabel leichte Rillen hineindrücken. Wasser in einem Topf aufkochen, leicht salzen. Die Kissen hineingeben und im nicht mehr kochenden Wasser ziehen lassen. Sobald sie nach oben steigen, sind sie fertig. Aufgepasst, das geht relativ schnell!
Die Butter in einer großen Pfanne schmelzen, die Spitzwegerichknospen zugeben und unter ständigem Rühren leicht bräunen. Die Spitzwegerich-Kisserl kurz darin schwenken und mit Chiliflocken bestreut servieren.

WEGERICH TRIFFT WALNUSS

Spitzwegerich-Käsesalat

DAS BRAUCHST DU:

500 g Bergkäse
100 g Walnusskerne
4 Lauchzwiebeln
1 Handvoll Spitzwegerichblätter
6 EL Hanföl
2 EL weißer Balsamico
1 EL Zitronensaft
Salz
Pfeffer

SO GEHT'S:

Bergkäse in mundgerechte Stücke schneiden, die Walnüsse grob zerkleinern, die Lauchzwiebeln und Spitzwegerichblätter fein schneiden. Alles in einer Schüssel vermengen. Die restlichen Zutaten zu einem Dressing verquirlen und über den Käsesalat geben.

Heftig deftiger Wegerich-Käse-Salat mit Nusskuss

KNABBERSTANGERL

Käsegebäck mit Spitzwegerich

DAS BRAUCHST DU:

250 g Dinkel, fein gemahlen
1 Msp. Backpulver
1 Msp. Salz
125 g Butter
120 g saure Sahne
100 g Hartkäse, gerieben
1 Handvoll Spitzwegerich, klein geschnitten

SO GEHT'S:

Das Mehl mit Backpulver und Salz mischen, alle weiteren Zutaten dazugeben und rasch zu einem geschmeidigen Teig verkneten. Mindestens 30 Minuten kühl stellen. Teig 1/2 cm dick ausrollen und in Streifen schneiden. Die Streifen verdrehen und auf einem Backblech bei 180 °C im Backofen bei Umluft etwa 15 Minuten goldgelb backen, rechtzeitig aus dem Ofen nehmen und frisch genießen.

Das i-Tüpferl:
Immer eine größere Menge zubereiten und einiges davon einfrieren. Bei unerwartetem Besuch kannst du dann den Knabberstangerl-Joker ziehen!

Fein zum Wein

WIESENHUPF

Zitronig-süßer Kräuter-Guglhupf

DAS BRAUCHST DU:

Für den Teig

3 Handvoll junger Spitzwegerichblätter
250 g weiche Butter
250 g Honig
6 Eier
Mark von 1/2 Vanilleschote
500 g Dinkelmehl
1 Päckchen Backpulver
50 ml Sahne
Saft von 2 Zitronen
Schalenabrieb von 1 Zitrone

Für die Glasur

10 Spitzwegerichblätter
100 g Puderzucker
Saft von 1 Zitrone

SO GEHT'S:

Die Spitzwegerichblätter waschen, trockentupfen und sehr fein schneiden.
Butter, Honig, Eier und Vanillemark schaumig schlagen. Mehl mit Backpulver mischen, zur Buttermasse geben und dann die Sahne hinzufügen. Der Teig sollte schwer vom Löffel reißen. Den Zitronensaft und den Zitronenschalenabrieb mit dem Spitzwegerich mischen und mit einem Kochlöffel unter den Teig heben. Teig in eine gebutterte Form füllen. Etwa 1 Stunde bei 160 °C im Backofen bei Umluft backen. Auskühlen lassen. Für die Glasur die Spitzwegerichblätter fein schneiden, dann pürieren und mit dem Puderzucker und dem Zitronensaft zu einer geschmeidigen Masse verrühren. Ausgekühlten Kuchen damit bestreichen.

Wiesenhupf hüpft praktisch von selbst in den Mund

HALSWOHL

Spitzwegerich-Kaltwasserauzug

Bei Entzündungen und Reizungen im Mund, Hals- und Rachenraum bringt dieser Auszug Linderung.

DAS BRAUCHST DU:

1 TL Spitzwegerichblätter, frisch
150 ml Wasser

SO GEHT'S:

Die Spitzwegerichblätter zerkleinern und im kalten Wasser 2 Stunden ziehen lassen, anschließend abgießen. Tasse für Tasse frisch zubereiten, kalt oder leicht erwärmt schluckweise trinken.

Alternative:
Draußen weit und breit kein Grün zu sehen und es kratzt im Hals? Einfach drei Lindenknospen pflücken und zerkauen! Die Schleimstoffe überziehen lindernd die Mundschleimhäute.

HUSTENSCHRECK

Spitzwegerich-Honig

In der Volksheilkunde wird dieser entzündungshemmende, schleimlösende Spitzwegerich-Honig bei Husten, Heiserkeit und Rachenentzündungen empfohlen.

DAS BRAUCHST DU:

2 Handvoll Spitzwegerichblätter, frisch und gewaschen
400 g Honig
1 Schraubglas

SO GEHT'S:

Abwechselnd klein geschnittene Spitzwegerich-Blätter und Honig in ein sauberes Schraubglas schichten, mit einer Lage Honig abschließen. Unbedingt darauf achten, dass keine Pflanzenanteile aus dem Honig herausragen, damit sich kein Schimmel bildet. Diese Mischung gut verschlossen bei ca. 8–10 °C 3 Monate im Gemüsefach des Kühlschranks ruhen lassen. Teelöffelweise pur einnehmen oder in einen leicht abgekühlten Erkältungstee geben.

Husten weg mit dem Hustenschreck

FIRST-AID-OIL

Spitzwegerich-Öl

Basisöl für einige unserer Erste-Hilfe-Rezepte

DAS BRAUCHST DU:

1 Handvoll Spitzwegerichblätter
100 ml Olivenöl

SO GEHT'S:

Blätter waschen, trocken tupfen, klein schneiden und in ein sauberes Schraubglas geben. Mit dem Olivenöl auffüllen, dabei darauf achten, dass alle Pflanzenteile gut bedeckt sind. Verschließen und 2 Wochen bei Zimmertemperatur ziehen lassen. Währenddessen einmal täglich aufschütteln. Auch hier dürfen anschließend keine Blattschnipsel aus dem Öl ragen, sonst könnte der Ansatz verderben. Das fertige Öl durch ein Sieb in ein sauberes Schraubglas füllen, dunkel und kühl aufbewahren.

Das i-Tüpferl:
Füße warm waschen und abtrocknen. Etwas Spitzwegerich-Öl in den Händen verteilen und die Füße massieren. Das Durchkneten lockert die Muskulatur, fördert die Durchblutung und ist eine unkompliziert anzuwendende Wellnessbehandlung.

MÄNNERMASKE GEGEN RASURBRAND

Wohltuende Packung aus Spitzwegerich-Öl

Nach der Bartrasur ist die Haut häufig gerötet und gereizt. Alkoholhaltige Rasierwässer lassen die Haut zusätzlich austrocknen. Diese Gesichtspackung wirkt beruhigend, wundheilend und pflegend, auch bei juckenden Ausschlägen.

DAS BRAUCHST DU:

1 TL Spitzwegerich-Öl
1 TL Honig
1 EL Quark

SO GEHT'S:

Alle Zutaten zu einer Masse verrühren. Die Maske auftragen, etwa 10 Minuten einwirken lassen und anschließend abwaschen.

Erste Hilfe für gestresste Männerhaut

Schleimstoffe

Schleimstoffe wirken reizmildernd und entzündungshemmend. Sie dienen vor allem der Behandlung von Magen-Darm-Beschwerden, Entzündungen im Mund- und Rachenraum oder Reizhusten. Pflanzenschleimstoffe findest du besonders im Spitzwegerich, aber auch in Malve, Vogelmiere, Eibisch, Linde und Leinsamen. Auszüge aus diesen Heilpflanzen solltest du immer mit kaltem Wasser machen, da Schleimstoffe nicht hitzestabil sind.

ANTI-JUCK

Spitzwegerich-Salbe

Bei Insektenstichen und Hautirritationen

DAS BRAUCHST DU:

100 ml Spitzwegerich-Öl
10 g Bienenwachs

SO GEHT'S:

Spitzwegerich-Öl in ein hitzebeständiges Gefäß füllen und in ein Wasserbad stellen. Bienenwachs zufügen und vorsichtig erwärmen, bis das Wachs schmilzt. Kurz verrühren und in einen sauberen Salbentiegel abfüllen.
Erst nach dem Erkalten verschließen.

Bei sehr sauberer Arbeitsweise und kühler Lagerung ist die Salbe gut 1 Jahr haltbar.

Alternative:
Die Salbe wirkt auch als sanftes Einreibemittel bei Husten.

GURGEL-WUNDER

Spitzwegerich-Salzlösung

Diese Solelösung wirkt entzündungshemmend, befeuchtet die Schleimhäute und lindert Reizungen.

DAS BRAUCHST DU:

250 ml Wasser
1 EL frische Spitzwegerichblätter, grob zerkleinert
1/2 TL Steinsalz

SO GEHT'S:

Wasser abkochen und abkühlen lassen. Spitzwegerichblätter eine halbe Stunde im lauwarmen Wasser ziehen lassen, danach abseihen. Etwa 1/2 TL Steinsalz zugeben und umrühren. Über den Tag verteilt gurgeln. Jeden Tag frisch zubereiten.

Das i-Tüpferl:
Für die leichtere Anwendung unterwegs die Kräuter-Sole-Lösung in eine Sprühflasche füllen und in den Mundraum sprühen.

Rita Demmel

Unsere Familie wohnt seit drei Generationen am grünen Stadtrand von München. Im Garten wachsen alte Bäume, Obstgehölze, Beerensträucher, die Fassade des Hauses haben wir begrünt und auf den Flachdächern gedeihen Gräser, Kräuter und Gemüse. Mit den Händen draußen zu arbeiten und beim steten Wachsen und Vergehen dabei zu sein, erdet. Für uns und unsere Kinder ist ein Leben ohne Garten kaum vorstellbar. Wie privilegiert es heutzutage ist, so zu leben, ist uns dabei durchaus bewusst. Es besteht darin auch ein Auftrag: die Liebe zur Natur weiterzugeben und zu ihrem Schutz beizutragen.

Mein grüner Weg

Für mein Leben gerne bin ich draußen im Grünen. Zum Glück hat mich auch mein Beruf zu den Pflanzen geführt. Seit 20 Jahren arbeite ich als Medizinische Fachangestellte in einer Naturheilpraxis. Heilpflanzenkunde fasziniert mich. Dies führte zu vielen Fortbildungen und letztlich auch zur Qualifikation als Kräuterpädagogin. Um als Kräuterpädagogin Umweltbildung zu vermitteln, braucht es neben der Liebe zu den Menschen und der Natur fundiertes Wissen über Pflanzen, ökologische Zusammenhänge und vor allem Begeisterung!

Was ich als Kräuterpädagogin so mache:

Entdeckungstouren im Grünen, Natur und Genuss, Vorträge und Workshops rund um Heil- und Wildkräuter, Wildfrüchte und Bäume.
Schau mal auf meine Website *www.wilde-moehre-muenchen.de!*

Ich bin aktiv bei BayernTourNatur, der "offenen Gartentür", den Würmrangern (www.wuermranger.org) und engagiere mich für Stadtbegrünung. Gemeinsam in der Natur entspannen und Kraft tanken, schmecken, riechen, forschen, über alte Geschichten oder über neueste wissenschaftliche Erkenntnisse aus dem Reich der Pflanzen staunen – wenn die Augen von Groß und Klein zu leuchten beginnen, dann habe ich meine Aufgabe gut gemacht.

Irgendwas Interessantes gibt es im Garten immer zu entdecken

Zu acht ein Buch schreiben

Was ich bei diesem Projekt über mich und überhaupt gelernt habe:

- Die Liebe zur Natur verbindet über alle Grenzen und hat auch uns Kräuterfrauen zusammengehalten. Es lebe die wilde Vielfalt!
- Unsere ungezähmten Zwölf in Bild und Text zu porträtieren hat mir ungeheuren Spaß gemacht.
- Bei jedem Buchtreffen unsere Wildkräuterbuffets zu genießen war herrlich.
- Das Entdecken unserer individuellen Talente, aber auch die Herausforderungen, die durch die Reibungsenergie im Kollektiv entstanden, die intensiven Recherchen zu den Pflanzen, das dazugewonnene Wissen um die Nutzung der modernen Medien, all das hat mich sehr bereichert.
- Dir in diesem Buch die fantastischen Wildpflanzen näherbringen zu dürfen, war und ist mir eine große Freude!

Juhu – im Grünen

Vogelmiere

Lass mich dein Glücksbringer sein!

Kennst du das? Du bist jemandem schon zigmal begegnet und auf einmal macht es „peng“ und du realisierst erst jetzt, welchen Schatz du vor dir hast? Ich bin sehr zart, eher klein und auf den ersten Blick nicht besonders auffällig. Doch wenn du mir deine Aufmerksamkeit schenkst, schenke ich dir Glück – das Glück, ein Wunder der Natur zu entdecken.

So heiße ich

Im deutschen Sprachgebrauch bin ich die Vogelmiere oder Vogel-Sternmiere. Botanisch heiße ich *Stellaria media (L.)* Vill., vom Lateinischen "media", für die Mittlere, und "stella", für der Stern. Das kommt wohl daher, dass meine fünf, tief zweigeteilten, weißen Kronblätter sternengleich strahlen.

Meine Spitznamen

Vögel haben mein Kraut und meine Samen zum Fressen gerne. So entstanden wohl meine Volksnamen Vogelkraut, Vogel-Sternmiere, Gänse- und Hühnerkraut. Beim englischen Federvieh bin ich als „chickweed“ beliebt. Den Spitznamen Hühnerdarm führe ich, weil ein Gefäßleitbündel im Inneren meines Stängels sichtbar wird, wenn du diesen vorsichtig auseinanderziehst. Das Kräuterkollektiv hat mir den Spitznamen Glückskeks verpasst: Ich bin klein, fein, weltweit bekannt und berge viele Überraschungen, wenn du meine Geheimnisse lüftest!

We are family

Die Gattung der Sternmieren, *Stellaria*, gehört zu den Nelkengewächsen, den *Caryophyllaceae*. Sternmieren gibt es zuhauf, wie z.B. die Großblütige Vogel-Sternmiere, Bach-Sternmiere, Gras-Sternmiere und viele mehr, zum Beispiel mich, die Gewöhnliche Vogelmiere. Einige Vertreter der Nelkengewächse sind für ihre Blütenpracht bekannt, wie etwa die Lichtnelke oder die Kartäusernelke. Im Zierpflanzenbau werden großblütige Nelken in allen erdenklichen Farben gezüchtet. Sie landen meist in Vasen oder aber im Knopfloch eines Jacketts als „Boutonniere“.

Hier kannst du den „Hühnerdarm" sehen

Typisch für mich

Ich bin eine kleine, unscheinbare, krautige Pflanze mit gegenständigen, spitz-eiförmigen, saftig grünen Blättern. Im unteren Stängelbereich sind meine Blätter kurz gestielt, während die oberen Blättchen direkt am Stängel sitzen. Wo die filigranen Knoten meiner Stängel den feuchten Boden berühren, wurzle ich sofort, werde 10–40 cm hoch und breite mich flächig aus. Jetzt nimm eine Lupe zur Hand und ich zeige dir meine Schönheit! Scheinbar zehnblättrig erscheint meine weiße, äußerst zarte, sternförmige Blüte. Sie wird von fünf grünen Kelchblättern umrahmt. Im Zentrum der Blüte siehst du drei Griffel und bis zu zehn Staubblätter mit winzigen, meist purpurnen Staubbeuteln. Ich denke, bei näherer Betrachtung ist meine Blüte äußerst hübsch, um nicht zu sagen ein Meisterwerk en miniature.

Neben dem „Hühnerdarm" wächst als weitere Besonderheit entlang meiner Stängel einseitig eine Haarleiste. Indem ich damit morgendliche Tautröpfchen auffange und Richtung Wurzeln leite, verbessere ich meine Wasseraufnahme. Meine winzigen Samen haben Ähnlichkeit mit kleinen Glückskeksen. Sie können über 50 Jahre im Boden ausharren, bis die Bedingungen zum Keimen ideal sind.

„Die Welt ist voll von kleinen Freuden. Die Kunst besteht darin, sie zu sehen."

Meine Schönheit liegt im Detail

Ich hab' die Haare schön

Auch Größe ist relativ

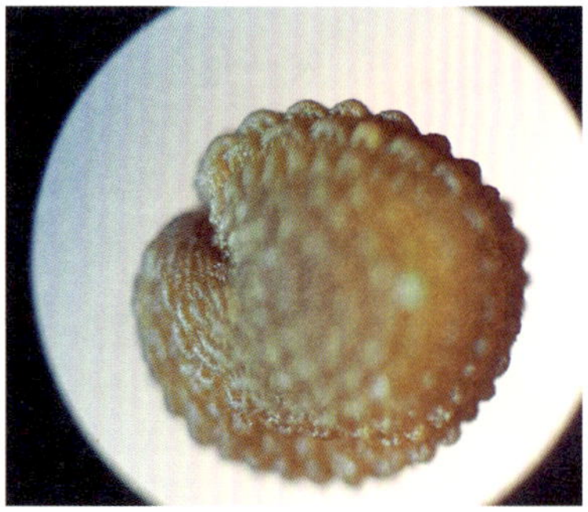

Mein Samen kommt unter dem Mikroskop groß raus

Hier wachse ich besonders gern

Ich liebe nährstoffreiche, unbedeckte und lockere Böden. Im Weinberg, auf dem Acker oder im Garten fühle ich mich besonders wohl. Manche Gärtner und Landwirte betrachten mich als Plage, dabei bin ich einfach, wie ich bin, und bleibe mir selbst treu: Wo ich mich niederlasse, bedecke ich rasch den Boden und schütze ihn so vor Austrocknung und Erosion. Dank meiner Anpassungsfähigkeit und erfolgreichen Ausbreitungsstrategie findest du mich weltweit in den gemäßigten Breiten. Meine Familie und ich sind wahre Kosmopoliten, weltoffen und aufgeschlossen. Wir finden überall unser Glück.

Machen Pflanzen glücklich?

Ich bin so klein, du brauchst deine ganze Achtsamkeit, um mich zu entdecken! Achtsamkeit erfordert Konzentration. Du bist vollkommen bei dir, während du dich auf die Wunder der Natur fokussierst. Die Entdeckung von so viel Schönheit und Perfektion wird mit einem Glücksgefühl belohnt.

Das steckt in mir

Klein, aber oho! Vergleichst du meine Inhaltsstoffe mit denen eines Kopfsalats enthalte ich ein Vielfaches an Calcium, Kalium, Magnesium und Eisen. Mein hoher Gehalt an Chlorophyll verleiht mir Grünkraft. Daneben biete ich dir Vitamin A, C, B1, B2, B3 und Selen. Bemerkenswert sind auch meine Schleimstoffe, Saponine und Flavonoide. Pflanzen wie ich, die viele Flavonoide und Vitamin C gleichzeitig enthalten, dienen dem Zellschutz und der Zellerneuerung. Ich bin sozusagen ein pflanzlicher Jungbrunnen!

Dabei helfe ich dir

Meine Mineralstoffe wirken basisch, das ist ideal zur Unterstützung bei einer Fasten- oder Frühjahrskur. Traditionell bin ich als schleimlösendes Hustenmittel bei Bronchitis, Asthma und Lungenproblemen bekannt. Ich kräftige deinen ganzen Körper und wirke dabei entzündungshemmend, verdauungsanregend, leicht abführend und kühlend. Bei Rheuma, Gelenkentzündungen, Leber- und Blasenerkrankungen biete ich mich als nützliche Heilpflanze an. Umschläge mit meinem frisch zerdrückten Kraut mildern Prellungen und Hautausschläge.

Achtung, Verwechslungsgefahr!

Oberflächlich betrachtet gleichen mir viele meiner *Stellaria*-Verwandten, doch ungenießbare Vertreter sind nicht dabei. Es gibt nur eine Möglichkeit, mich mit einer zwar nicht giftigen, aber unverträglichen Pflanze zu verwechseln: der Ackergauchheil aus der Familie der Primelgewächse. Sein Kraut ähnelt meinem, doch je nach Varietät bildet er orangerote oder blaue Blüten aus. Zum Glück habe ich ja meine ganz typischen Erkennungsmerkmale, die leicht zu finden sind, wenn man mich aufmerksam betrachtet.

Sobald der Ackergauchheil blüht, besteht keine Verwechslungsgefahr mehr

Pflück mich

Meine Pflanzentriebe mit Blättern und Blüten sind ein Genuss. Ich bin eine Bereicherung in allen möglichen Speisen und schmecke auch als Tee. Wenn du mich roh kaust, wirst du auf der Zunge meinen feinen Geschmack nach zarten Maiskölbchen bemerken. Durch den milden Geschmack bin ich auch bei Kindern sehr beliebt. Doch wie bei allen saponinhaltigen Pflanzen solltest du es mengenmäßig beim Genuss nicht übertreiben.

Was du sonst noch über mich wissen solltest

Mein Kraut und meine Samen sind eine Leckerei für Hühner, Hansi und Co. Besonders Stubenvögel lieben diese Abwechslung. Gekaufte Samen haben jedoch einen stolzen Preis, dabei bin ich ganz easy auf der Fensterbank aus Samen oder Ablegern zu ziehen.

Jedem Tierchen sein Pläsierchen

Wetterblume

Für Wanderer bin ich eine verlässliche Wetterprophetin. Sind meine Blüten geöffnet, wird in den nächsten Stunden die Sonne scheinen. Darauf kannst du dich verlassen!

Das hättest du nicht von mir gedacht

„Denke nicht so oft an das, was dir fehlt, sondern an das, was du hast“, sagte Marc Aurel schon im zweiten Jahrhundert nach Christi, und das gilt auch heute noch. Ich habe Grün. Das ganze Jahr bin ich von intensiv grasgrüner Farbe. Laut Farbenlehre ist das die Farbe der Mitte, die ausgleichend, versöhnlich und beruhigend wirkt, ohne zu ermüden. Grün steht für Zuversicht und Harmonie, wiederkehrende Erneuerung, Gesundheit, Natur und Vitalität. Grün tut gut – glücklich, wer es hat!

Was andere über mich sagen

Sowohl in der Antike als auch im Mittelalter wurde ich als Heil- und Nahrungspflanze verwendet. Hildegard von Bingen lobte meine Blüh- und Grünkraft und Leonhard Fuchs empfahl mich Anfang des 16. Jahrhunderts als Fieberkraut. Allerdings verlor ich mit der „aufgeklärten“ Medizin des ausgehenden Mittelalters an Bedeutung. Erst Pfarrer Kneipp holte mich wieder aus der Vergessenheit zurück. Seither werden meine Qualitäten erneut entdeckt.

Saponine

Pflanzen schützen sich mithilfe der Saponine vor Pilzbefall und Fressfeinden. Beim Menschen wirken sie schleimlösend, entzündungshemmend, harntreibend und hormonstimulierend. In Maßen genossen sind sie für den Menschen gesund – die Dosis macht es, wie so oft. Sie verbessern die Aufnahme anderer heilender Wirkstoffe im Darm. Pflanzen mit besonders hohem Saponingehalt, z.B. die Rosskastanie, sind nicht mehr für den Verzehr geeignet. Dafür taugen sie umso besser als alternatives Waschmittel, da sie seifengleich schäumen und reinigen.

Fortpflanzung à la Vogelmiere

Ich habe das große Glück, das ganze Jahr über wachsen zu können. Taut im Frühling die isolierende Schneedecke ab, komme ich oft schon frisch grün und blühend darunter zum Vorschein. Bienen sind mir zur Fortpflanzung willkommen, aber das mit dem Nachwuchs schaffe ich auch ganz alleine. Voller Vitalität kann ich drei Generationen im Jahr mit bis zu 15.000 Samen je Pflanze entwickeln.

Wilde Küche

Erfrischend grüne Leckereien bieten dir diese Vogelmiere-Rezepte

Alle Rezepte sind für 4 Personen, falls nicht anders angegeben

GRÜNE GLÜCKSKEKSE

Vogelmiere-Kekse

DAS BRAUCHST DU:

1 EL abgezupfte Vogelmiereblättchen
3 EL Öl
1 EL Wasser
2 Eiweiß
1 Prise Salz
1 Spritzer Zitronensaft
125 g Mehl
80 g Zucker

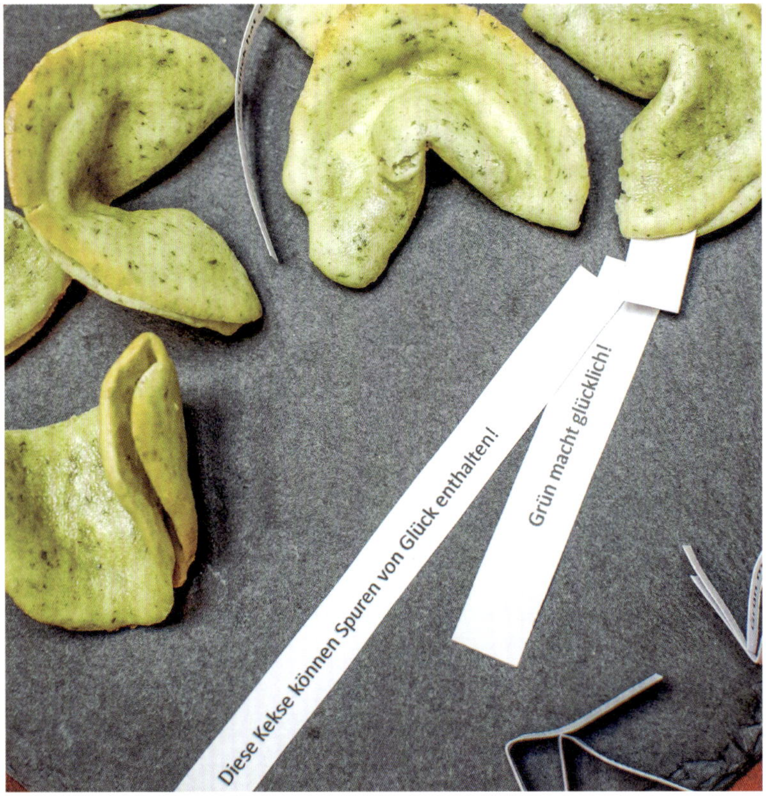

SO GEHT'S:

Die Vogelmiereblättchen mit Öl und Wasser pürieren. Mit Eiweiß, Salz und Zitronensaft schaumig rühren. Mehl und Zucker vorsichtig unterheben. Maximal 4 Teigkreise, aus je 1 EL Teig, auf ein mit Backpapier ausgelegtes Backblech streichen. Nicht mehr, da man die Kekse nur heiß in Form bringen kann. Bei 175 °C im vorgeheizten Ofen bei Umluft etwa 10 Minuten backen, bis die Ränder leicht braun werden.

Jetzt muss alles ganz flott gehen. Jeweils einen Keks vom Blech nehmen, einen vorbereiteten Spruchzettel auf die Mitte legen und gleich zum Halbkreis falten. Sofort den Halbkreis mit der geschlossenen Seite über den Rand einer Schüssel oder Tasse nach unten biegen, dabei die Kanten mit den Fingern zusammendrücken. Zum Auskühlen die gefalteten Kekse in die Vertiefungen eines Muffinblechs o.Ä. legen.

Mit der richtigen Botschaft ist bei diesen Keksen alles im grünen Bereich

OMAS GRÜNE SOSSE

Frühlingskräuter-Soße

DAS BRAUCHST DU:

750 ml Dickmilch
750 ml saure Sahne
100 ml Milch
Salz, Pfeffer
1 TL Honig
3 EL Öl
1 EL Weißweinessig oder Zitronensaft
3 EL Senf, mittelscharf
250 g gemischte Wildkräuter, z.B. Wiesenampfer, Löwenzahn, Gänseblümchen, Giersch, Spitzwegerich, Brennnessel, Knoblauchsrauke, Vogelmiere

SO GEHT'S:

Dickmilch und saure Sahne in einer großen Schüssel vermengen. Mit der Milch glatt rühren. Salz, Pfeffer, Honig, Öl, Essig oder Zitronensaft und Senf unterrühren. Die frischen Kräuter waschen, abtupfen, die Blätter vom Stiel zupfen und sehr klein schneiden. In die Dickmilch-saure Sahne-Mischung einrühren und abschmecken. Für mehrere Stunden abgedeckt in den Kühlschrank stellen. Wer mag, kann ein hart gekochtes Ei mit der Soße verquirlen, um sie etwas anzudicken.

Das i-Tüpferl:
Wir mögen Omas Grüne Soße am liebsten mit Pellkartoffeln und hart gekochten Eiern.

HIMMLISCHE STELLARIA-SUPPE

Vogelmiere-Suppe

DAS BRAUCHST DU FÜR 2 PERSONEN:

1 EL Butter
1 Schalotte, fein gehackt
250 g mehlige Kartoffeln, gewürfelt
500 ml Gemüsebrühe
2–3 Handvoll Vogelmiere
2 EL Sahne
Salz, Pfeffer
Chiliflocken

SO GEHT'S:

Die Butter erhitzen, die gehackte Schalotte und die Kartoffelwürfel darin leicht anrösten. Mit der Brühe aufgießen und ca. 20 Minuten köcheln lassen. Die Vogelmiere fein hacken, dabei ein paar vollständige Triebe der Vogelmiere zum Anrichten der Suppe auf die Seite legen. Gehackte Vogelmiere zur Suppe geben, die Suppe pürieren, mit der Sahne verfeinern und mit den Gewürzen abschmecken. Die Suppe im Teller mit einem Klecks Sahne und etwas frischer Vogelmiere anrichten.
Dazu schmeckt in Olivenöl knusprig geröstetes Weißbrot.

Das i-Tüpferl:
Verfeinere die Suppe noch mit 2 EL trockenem Sherry oder Wermut und einem Hauch Kreuzkümmel.

Glück in Suppenform

ZUPF ZUPF – UND WEG!

Zupfbrot mit Vogelmiere-Pesto

Bestrichenen Teig in Rechtecke schneiden

Form von außen nach innen damit auskleiden

DAS BRAUCHST DU:

Für das Zupfbrot

500 g Dinkelmehl
1 TL Salz
1/2 Würfel Hefe
1/2 TL Honig
300 ml lauwarmes Wasser
2 EL Olivenöl

Für das Pesto

2 Handvoll Vogelmiere
40 g Bergkäse
40 g Sonnenblumenkerne
ca. 100 ml Olivenöl
Salz
Zitronensaft

SO GEHT'S:

Das Mehl mit dem Salz vermischen. Hefe und Honig in etwas Wasser auflösen. Aus allen Zutaten einen weichen Hefeteig kneten. Abgedeckt ungefähr 1 Stunde gehen lassen. Währenddessen das Kräuterpesto zubereiten.

Dazu Vogelmiere, Käse und Sonnenblumenkerne grob hacken und mit den übrigen Zutaten cremig pürieren.
Den Teig fingerdick zu einem Rechteck ausrollen und das Pesto darauf verteilen.
In Rechtecke von ca. 4 x 10 cm schneiden. Eine runde Backform (26 cm Ø) einfetten.
Die Teigstreifen von außen nach innen kreisförmig überlappend aneinanderreihen, die Ecken etwas hochzupfen. So entsteht eine hübsche Blütenform. In der Form noch einmal 20 Minuten gehen lassen.

Im vorgeheizten Backofen bei 175 °C bei Umluft 20–30 Minuten backen.

Das i-Tüpferl:
Schmeckt warm zu Gegrilltem oder kalt mit Lieblingsdip.

Fertiges grünes Kunstwerk, ab in den Ofen

Super Fingerfood, jeder zupft sich einfach ein Stück ab

STELLARIA-GAZPACHO

Erfrischende, kalte Vogelmiere-Suppe

DAS BRAUCHST DU:

2 Handvoll Vogelmiere
1 Gurke
200 g saure Sahne
200 ml Wasser
2 EL Leindotteröl
Salz, Pfeffer
Zitronensaft
Vogelmiere-Pesto und/oder einen Klecks saure Sahne für die Garnitur

SO GEHT'S:

Gewaschene und geputzte Vogelmiere und Gurke grob zerkleinern. Alle Zutaten mit dem Mixer pürieren. Mit Salz, Pfeffer und Zitronensaft abschmecken. Suppe in gekühlte Teller oder Gläser geben. Mit Pesto und/oder saurer Sahne anrichten.

Löffelweise Sommerfrische

VOGELMIERE-AYRAN

Orientalischer Joghurtdrink mit Vogelmiere

DAS BRAUCHST DU:

1 kleine Handvoll frischer Vogelmiere
200 g Naturjoghurt mit 10 % Fett
200 ml Wasser
1 Prise Salz
Zitronensaft

SO GEHT'S:

Vogelmiere waschen, putzen und grob zerkleinern. Mit den restlichen Zutaten schaumig mixen und gut gekühlt genießen.

Globale Küche – globale Pflanzen

Die Botaniker unterscheiden Alt- und Neubürger in der Pflanzenwelt. Ich gehöre hierzulande zu den Altbürgern, auch Archäophyten genannt. Das heißt, wir haben uns zu Beginn des Ackerbaus mit den Kulturpflanzen und später im Gepäck der Römer bei deren Eroberungszügen in Mitteleuropa verbreitet. Dann kam Christoph Kolumbus' großer Auftritt. Im Jahr 1492 entdeckte er Amerika. Dies war der Beginn der Globalisierung – auch für uns Pflanzen. Alle Gewächse, die nach 1492 auf Wanderschaft gingen und sich dauerhaft in fernen Ländern niederließen, werden Neophyten genannt. Bekannte Vertreter dieser hiesigen Neubürger sind z.B. Kartoffel, Meerrettich, Rosskastanie und auch das als invasiv geltende Drüsige Springkraut.

HALSSCHMEICHLER

Vogelmiere- und Spitzwegerich-Auszug

Die heilsamen Schleimstoffe beider Pflanzen legen sich schützend über die trockenen und gereizten Schleimhäute der Atemwege. Dadurch mildern sie den Hustenreiz und sorgen dafür, dass Bakterien und Viren sich nicht festsetzen können. Die Gerbstoffe und das Aucubin des Spitzwegerichs wirken zusätzlich noch entzündungshemmend und schmerzlindernd. Glücklich, wer beide Pflanzen im Garten hat. So lässt sich ein reizlindernder kalter Auszug bequem zubereiten.

DAS BRAUCHST DU:

1 EL frische Vogelmiere
1 EL frischer Spitzwegerich
2 Tassen kaltes Wasser

SO GEHT'S:

Kräuter mit dem kalten Wasser in einer Kanne oder großen Tasse ansetzen, 1 Stunde ziehen lassen, durch ein Sieb abseihen und leicht erwärmt schluckweise trinken. Bei Reizhusten 1 Woche lang dreimal täglich 1 Tasse Tee trinken.

„Heilende Hände"

Die heilsame Wirkung von Umschlägen, Einreibungen, Berührung und Zuwendung wird oft unterschätzt. Dabei fördern sie ganzheitlich dein Wohlgefühl.

STERNCHEN-ÖL

Linderndes Vogelmiere-Öl

Vogelmieren-Öl hilft bei kleinen Hautirritationen und juckenden Hautausschlägen. Die Vogelmiere für das Öl am besten an einem sonnigen Vormittag ernten und nach dem Waschen und Trockentupfen einige Stunden anwelken lassen, damit Feuchtigkeit entweicht.

DAS BRAUCHST DU:

2 Handvoll frischer Vogelmiere (etwa 60 g)
250 ml Oliven-, Mandel- oder Sesamöl

SO GEHT'S:

Die Vogelmiere sehr fein schneiden und in ein Glasgefäß füllen. Mit dem Öl aufgießen, bis alle Pflanzenteile gut bedeckt sind. Da die Vogelmiere viel Wasser enthält, sollte das Ansatzgefäß mit Gaze abgedeckt werden. So kann überschüssiges Wasser verdunsten und die Haltbarkeit verlängert sich. Bei Zimmertemperatur 2 Wochen stehen lassen, abseihen und in einer dunklen Flasche aufbewahren. Abhängig vom verwendeten Öl ist diese Zubereitung einige Monate haltbar. Verändert sich das Aussehen und der Geruch, ist es nicht mehr verwendbar.

GÄRTNERS BALSAM

Handsalbe mit Vogelmiere-Öl

DAS BRAUCHST DU:
250 ml Vogelmieren-Öl
30 g Bienenwachs

SO GEHT'S:
Das Öl mit dem Wachs vorsichtig unter ständigem Rühren erwärmen, bis das Wachs geschmolzen ist.
Etwas abkühlen lassen und anschließend in ein sauberes Salbentöpfchen abfüllen.
Bei sauberer Arbeit und kühler Lagerung ist die Salbe mehrere Monate haltbar. Sie eignet sich besonders für beanspruchte Haut und unterstützt die Wundheilung.

Die zarte Vogelmiere schmeichelt rauer Haut

COLD-PACK

Kalte Vogelmiere-Auflage

DAS BRAUCHST DU:
1 Handvoll Vogelmiere
frisches Lein- oder Baumwolltuch
elastische Binde

SO GEHT'S:
Vogelmiere waschen, trocken tupfen und mit einem Nudelholz auf einem Leinen- oder Baumwolltuch anquetschen. Das Tuch so auflegen, dass die Kräuter die betroffene Stelle bedecken. Mit einer elastischen Binde fixieren und die Auflage etwa 20 Minuten liegen lassen. Ein Kühlbeutel verlängert die Wirkung.
Hilft als Auflage bei Hautentzündungen, Schwellungen, Quetschungen und bei übermäßigem Milchfluss stillender Frauen.

Kalt oder heiß aufgelegt: Vogelmiere hilft

HOT-PACK

Warme Vogelmiere-Auflage

Bei Gelenkschmerzen, Lymphschwellugen und Hautirritationen

DAS BRAUCHST DU:
1 Handvoll Vogelmiere
Heißes Wasser
Frisches Lein- oder Baumwolltuch
1 Wolldecke

SO GEHT'S:
Vogelmierekraut säubern, kurz überbrühen und etwas abgekühlt, nach einer Temperaturprüfung, auf die betroffenen Stellen auflegen. Mit einem Tuch fixieren und mit einer Wolldecke warm halten. 20 Minuten oder solange es angenehm ist anwenden.

Ulrike Kainz

Das erste heimische Superfood im Frühjahr: Freude pur

Auf dem Lande in Franken aufgewachsen, streifte ich als Kind viel mit meinen Eltern und meinem Bruder durch die Wiesen, Täler und Bäche, die sich hinter unserem Garten erstreckten. Nach dem Abitur ging ich zum Studium der Landschaftsplanung nach Freising-Weihenstephan. Für meine Diplomarbeit erforschte ich die damals vielfältige Ruderalflora in meinem Heimatort, die heute weitgehend verschwunden ist. Ich heiratete und bekam zwei Söhne. 1996 gründete ich das Grüne Klassenzimmer auf dem Prielhof des Kloster Scheyern. Hier brachten wir rund 2500 Teilnehmern pro Jahr Strategien zum Klimaschutz nahe, führten naturkundliche Exkursionen für Schulklassen durch und boten Fortbildungen für Erzieher und Lehrkräfte an. Ich leitete das Projekt 20 Jahre lang, wofür ich 2012 von Bundespräsident Joachim Gauck in Berlin das Bundesverdienstkreuz am Bande erhielt. Seit 2001 führe ich mit meinem Mann einen landwirtschaftlichen Biobetrieb. Nebenbei war ich auch acht Jahre in der Umweltbildungsstätte im „Haus im Moos" tätig, habe im Arbeitskreis Umweltpädagogik des Bund Naturschutz Bayern mitgearbeitet und war freiberuflich als Umweltpädagogin und Dozentin bei der Volkshochschule Pfaffenhofen, Schrobenhausen und Bayern-TourNatur tätig.

Meine Motivation

Immer schon wollte ich mit der Umweltbildung bei Menschen aller Altersstufen Freude und Interesse an der Natur wecken,

Natur mit allen Sinnen erfahrbar und ökologische Zusammenhänge begreifbar machen, um die Menschen zu einem nachhaltigen Umgang mit der Natur im Sinne der Bildung für nachhaltige Entwicklung anzuregen. Deshalb habe ich Ausbildungen zur Naturpädagogin, Streuobstwiesenführerin und Erlebnisbäuerin gemacht. Diese Freude kann ich jetzt auch mit meiner Enkelin Fiona teilen, wenn wir draußen auf Entdeckungstour gehen.

Die Kräuterpädagogik, dieses Buch und ich

Eine Ausbildung zur Kräuterpädagogin, die ich 2008 bei der Gundermannschule abschloss, passte hervorragend zu meinem langjährigen Leitmotto: *Nur was man kennt, das schätzt und schützt man und lässt es wachsen.* Durch diese Ausbildung wurde mir klar, welche immense Bedeutung die sekundären Inhaltsstoffe der Wildkräuter- und Wildfrüchte für die Gesunderhaltung der Menschen haben. Da Liebe bekanntlich durch den Magen geht, bereitet es mir große Freude, den kulinarischen Genuss von Wildkräutern und -früchten bei meinen Veranstaltungen mit anderen Menschen zu teilen. Besuche mich doch auf meiner Website: *www.wildkraut.info.*

Die Arbeit am Buchprojekt im Kräuterkollektiv hat mich durch den gegenseitigen Erfahrungsaustausch enorm bereichert. Das Bewahren des alten Kräuterwissens liegt uns allen sehr am Herzen. So hoffe ich, mit diesem Buch andere Menschen für die Natur zu begeistern und so einen kleinen Beitrag zur Erhaltung der Artenvielfalt in unserer Kulturlandschaft zu leisten.

Auf Entdeckungstour im Grünen Klassenzimmer

Aus Holunderholz kann man prima Pfeifen basteln

Hamster-geheimnisse

REICHE ERNTE – WAS NUN?

Ist deine Neugierde auf die grünen Schätze in deiner Umgebung geweckt? Du wirst sehen, wenn du ab jetzt offenen Auges durch die Landschaft streifst, weißt du gar nicht mehr, was du mitnehmen sollst bzw. was du dalassen möchtest. Die Fülle der Natur ist zu manchen Zeitpunkten so überbordend, dass du gar nicht alles frisch verwenden kannst. Hast du dennoch den Hamstertrieb und möchtest Vorräte für später anlegen, haben wir in diesem Kapitel ein paar Tipps für dich.

Sammelleidenschaft

Klar, du willst jetzt endlich los, Wildpflanzen sammeln. Ein paar Dinge solltest du dabei berücksichtigen und auch ein bisschen Ausrüstung einstecken, damit alles praktisch und einfach wird.

WIE ERNTEN?

Um geerntete Wildkräuter und -früchte leicht zu transportieren, eignet sich ein Sammelkorb oder eine Stofftasche. Dauert der Ausflug länger, hat sich ein feuchtes Tuch zum Einschlagen grüner Pflanzen und eine kleine, mit Wasser gefüllte Sprühflasche zum Einnebeln der Ernte bewährt. Nimm eine Schere oder ein Messer mit. Damit kannst du schonend ernten. Passende Gefäße mit Deckel oder dünne Schnüre ermöglichen es dir, die Blüten, Früchte oder Kräuter sortenrein nach Hause zu tragen. Das verschafft Übersicht und spart später in der Küche Zeit. Packe vor allem am Anfang zusätzlich noch eine Lupe und ein Bestimmungsbuch ein, das bietet im Zweifelsfall Gewissheit. Wer Wildkräuter erntet, sollte diese sicher erkennen und bestimmen können. Geschützte und seltene Pflanzen sind selbstverständlich tabu und aus Naturschutzgebieten wird nichts (!) entnommen. Weiterhin sollten die örtlichen Regeln, z.B. Erntemengenbegrenzung in Landschaftsschutzgebieten,

Ein schöner Sammelspaziergang bringt neben reicher Ernte auch Entspannung

respektiert werden. Besteht Unsicherheit bezüglich des Schutzstatus, gibt die jeweils zuständige Naturschutzbehörde Auskunft.

WO SAMMELN?

Am bequemsten ist das Ernten der Wildpflanzen im heimischen Garten oder auf eigenen Flächen. Wenn du aufbrichst, um Wildpflanzen in der freien Natur zu sammeln, solltest du die ortsbekannte Hundemeile, bewirtschaftete Flächen und Straßenränder meiden. Erfolg versprechen natürliche Wiesen und Wälder. Zusätzlich dienen Feldränder von Bioflächen, stillgelegte Sand- oder Kiesgruben, Randbereiche von Gewässern und öffentliche Grünflächen als mögliche Ernteplätze. Ansonsten lohnt es sich auch, in Gräben oder Böschungen zu spähen.

Hast du geeignete Pflanzen gefunden, steht dem achtsamen Abschneiden oder Pflücken nichts mehr im Wege. Aufmerksame und kundige Sammler hinterlassen im besten Fall keine sichtbaren Spuren und entnehmen von einem üppigen Bestand nur einen kleinen Teil. In deinem Korb sollten nur makellose Blüten, Früchte und Kräuter landen.

Für Mücken- und Zeckenschutz schon vor dem Ausflug sorgen!

WANN IST DER RICHTIGE ERNTEZEITPUNKT?

Beste Sammelzeit für Blüten und Pflanzen mit ätherischen Ölen ist der späte Vormittag nach ein oder zwei Sonnentagen. Der Morgentau sollte abgetrocknet sein, die ätherischen Öle haben sich noch nicht durch die Mittagshitze verflüchtigt. Heilpflanzen erntest du hauptsächlich vor oder zu Beginn ihrer Blüte. Grünes für Salat darfst du taufrisch nach Hause bringen.

Etwas anders verhält es sich bei Stickstoffsammlern wie der Brennnessel, weil das darin enthaltene Nitrat nicht übermäßig verzehrt werden sollte. Gegen Mittag reduziert sich aufgrund der Fotosynthese der Nitratgehalt in der Pflanze und schon steht dem ausgezeichneten Kräuterschmaus nichts mehr im Wege.

Früchte sind dann vollreif, wenn sie sich gut pflücken lassen und leicht von ihren Stielen lösen.

Wurzelgräberzeit ist von Spätherbst bis ins zeitige Frühjahr. Die Speicherorgane bevorraten dann alle für die Pflanze überlebenswichtigen Inhaltsstoffe. Ein komplettes Kraftpaket für Mensch und Gewächs. Eine verantwortungsvolle Entnahme von Wurzeln beschränkt sich auf Arten, die weitverbreitet sind und in größeren Mengen vorkommen.

REICHE ERNTE – WAS NUN?

Die Fülle der Blüten, Kräuter und Früchte regt die Menschen schon sehr lange zur Lagerhaltung und Konservierung an. In Zeiten des Klimawandels ist das aktuell wie nie, denn das bedeutet: keine langen Wege sowie Sicherheit bezüglich der Herkunft und Qualität der verwendeten Zutaten. Ob beim Trocknen, Einkochen oder Einlegen in Öl oder Essig: Du solltest grundsätzlich nur sauberes, makelloses und insektenfreies Material verwenden.

Konservieren

Alle folgenden Möglichkeiten dienen demselben Zweck: den Verderb der pflanzlichen Stoffe aufzuhalten. Je nach Pflanze, Pflanzenteil oder künftiger Verwendung ist die eine oder die andere Methode passender.

TROCKNEN ODER DÖRREN

Wasserentzug durch schnelles Trocknen ist eine einfache und uralte Methode, um die Haltbarkeit der Pflanzenschätze zu verlängern. Ob Kräuter mit oder ohne Stiel, Früchte oder Wurzeln, wichtig ist ein rasches Dörren, um Schimmelbildung zu verhindern und eine gute Qualität zu gewährleisten. Kräuter und Blüten kannst du im luftigen Schatten entweder zu dünnen Büscheln gebunden kopfüber aufhängen oder einlagig ausbreiten. Gut geeignete Orte sind trockene, luftig-warme, windgeschützte Räume ohne direkte Sonneneinstrahlung. Nutze, um Energie zu sparen, die Wärme von Heizkörpern, Kachelofen oder der Fußbodenheizung, wofür du die Kräuter am besten auf Tüchern oder Papier auslegst. Auch die Restwärme des Backofens nach dem Backen kann dir dienen. Das Erntegut während des Trocknens regelmäßig wenden und dabei die Qualität kontrollieren. Wer wenig Platz und Zeit hat, kann sich mit einem elektrischen Dörrgerät schnell einen Bestand an Trockengut anlegen. Um wertvolle Inhaltsstoffe zu bewahren, sollten Blüten und Kräuter nicht über 40 °C erwärmt werden. Gut funktioniert das mit Backöfen bei niedrigster Temperatur bei Umluft und mit einem in der Tür eingeklemmten Kochlöffel. Der sorgt für die gleichmäßige Belüftung des Backrohrs und Feuchtigkeit kann entweichen. Feuchte Früchte und Wurzeln kannst du bei bis zu 60 °C dörren, um Schimmel vorzubeugen. Bei warmem, trockenem Raumklima klappt die Trocknung aber auch ohne Strom. Wurzeln solltest du vor dem Trocknen klein schneiden und ausbreiten. Früchte und Wurzeln, die sich in dünne Scheiben schneiden lassen, kannst du auf einen festen Zwirn auffädeln und luftig aufhängen.

GETROCKNETES LAGERN

Sind die Kräuter rascheltrocken, wandern sie grob zerkleinert in lichtgeschützte Tüten oder Gläser. Dies gilt auch für vollständig getrocknete Wurzeln. Beschrifte alles mit Datum und Inhalt und bewahre es in einem Vorratsschrank oder an einem anderen trockenen und dunklen Ort auf. Kontrolliere deine Naturprodukte in regelmäßigen Abständen auf unerwünschte Veränderungen. Bei sachgerechter Lagerung behält das Trockengut seine Qualität, bis es wieder Neues zu ernten gibt.

Luftig macht duftig

KONSERVIEREN MIT ESSIG

Aromatische Gewürzessige entstehen durch das Einlegen frischer Wildkräuter und -früchte in einen hochwertigen Wein- oder Fruchtessig. Dafür wäschst du die Kräuter oder Früchte, lässt sie auf einem frischen Handtuch trocknen und gibst sie dann in ein sauberes Glas mit weitem Hals. Fülle mit Essig auf, sodass alles gut bedeckt ist. Je nach Pflanzenteilen sollte der Essig mindestens 14 Tage durchziehen. Die Pflanzen vor dem Verwenden abseihen, denn wenn der Essig im Laufe der Zeit schwindet und die Kräuter nicht mehr bedeckt sind, können sie verderben.

KONSERVIEREN MIT ÖL

Die unterschiedlichsten Geschmacksvarianten lassen sich auch mit guten Pflanzenölen herstellen. Dazu verfährst du in gleicher Weise wie bei den Essigen und erhältst dafür köstliche Kräuteröle. Als Basisöl eignen sich mild schmeckende Öle, wie z.B. Sonnenblumenöl. Hochwertige Nussöle solltest du für sich genießen, um ihren individuellen Geschmack nicht zu verlieren.

Ein feines Pesto aus Wildkräutern ist ebenfalls eine perfekte Methode, die unbändige grüne Kraft und Vielfalt der Natur zu konservieren. Das italienische Wort „pestare“, welches übersetzt zerstampfen heißt, beschreibt sehr schön das Herstellungsverfahren. Klassisch wird ein Pesto mit frischen Kräutern, Nüssen, Salz und einem hochwertigen Pflanzenöl zubereitet. Wenn du es noch gehaltvoller möchtest, gib einen würzigen Käse, wie etwa Parmesan, dazu. Pikanter wird es mit ein wenig Knoblauch oder Chili. Eine Spur Zitronensaft rundet den Geschmack ab und erhält die frische grüne Farbe.

Die Nüsse verwendest du entweder roh oder röstest sie in einer Pfanne ohne Fett bei mittlerer Hitze goldbraun, wodurch sie aromatischer werden. Die abgekühlten

Ritas Giersch-Pesto, appetitlich verpackt

Kerne zerkleinerst du dann zusammen mit den frischen Kräutern und eventuell dem Knoblauch. Durch Hinzugabe von Öl und Parmesan verrührst du das Ganze zu einer sämigen Masse. Für die Herstellung von Hand eignet sich am besten ein großer Mörser, in dem die Zutaten zermahlen beziehungsweise zerstampft werden. Wenn es schneller gehen soll, kannst du die Kräuter zusammen mit dem Öl, dem Salz, dem Zitronensaft und eventuell Parmesan und Knoblauch auch in einem Mixer pürieren und anschließend die sehr fein gehackten Nüsse unterrühren. In ein sauberes Schraubglas gefüllt und mit etwas Öl bedeckt, kannst du dein Pesto etwa 3–4 Wochen im Kühlschrank aufbewahren oder einfrieren, wenn es länger bevorratet werden soll.

KONSERVIEREN MIT SALZ

Unsere herrlich bunten Kräutersalze sind Mischungen aus getrockneten oder frischen Pflanzenteilen und Speisesalz. Du solltest unbedingt darauf achten, dass dem Salz keine Zusätze, wie Rieselhilfen, beigesetzt sind und es von guter Qualität ist. Grundsätzlich mischst du in einem Mischungsverhältnis von 1:5, das heißt, 1 Teil Pflanzenmaterial wird mit 5 Teilen Salz gemischt.

So mahlst du z.B. 10 g Brennnesseln und mischst sie in einer Schüssel mit 50 g Salz. Blüten, z.B. die der Rose, wiegen wenig, und so reichen bereits kleinere Mengen. Wir haben für unser Rosensalz lediglich 5 g getrocknete Rosenblüten mit 50 g Salz gemischt, also ein Mischungsverhältnis von 1:10 angewendet. Hier gibt es keine pauschalen Regeln. Mische nach Herzenslust, das ist die beste Methode, um dich mit variantenreichen Salzaromen zu verwöhnen.

Auch mit feuchten Kräutern lässt sich ein Würzsalz herstellen. Dazu die gewaschenen und etwas abgetrockneten Kräuter pürieren und mit Salz vermischen. Auf ein Backblech streichen, trocknen lassen und dann zerkleinern. Das gelingt sehr gut mit einem Mixer.

Auch aus Fruchtsaft, wie in unserem Fall aus dem der Kornelkirsche, kannst du ein aromatisches Salz herstellen. Wir haben 1 Teil Saft mit 3 Teilen Salz gemischt, alles auf ein Blech gestrichen und bei 40 °C getrocknet. Lockere die Masse öfter auf, damit sie nicht zu stark am Blech kleben bleibt. Danach ebenfalls in einem Mixer oder Mörser fein vermahlen. Das Gleiche gelingt auch mit Fruchtmus. Wir haben unser Schlehen-Salz folgendermaßen gewonnen: Aus Schlehen ein Mus kochen und durch ein Sieb pürieren. 1 Teil Fruchtmasse mit 3 Teilen Salz mischen, auf einem Backblech flächig ausstreichen und bei 40 °C trocknen, anschließend mahlen. Wer das Schlehenmus nicht kochen möchte, kann auch tiefgekühlte Schlehen vom Kern befreien und dieses rohe Mus mit Salz vermengen. Das ist eine etwas klebrige Angelegenheit, funktioniert aber ebenfalls sehr gut.

Um ein buntes, dekoratives Blütensalz herzustellen, trocknest du das ganze Jahr über verschiedenste Blüten und gibst sie jeweils getrocknet in ein Stoffsäckchen. Am Ende des Sommers kommt diese bunte Mischung, eventuell etwas gerebelt, zusammen mit einem grobkörnigen Salz in eine hübsche Salzmühle, verfeinert so am Tisch allerlei Speisen und erfreut unser Herz.

Im Kollektiv haben wir die ungezähmten Zwölf zu Würzsalz verarbeitet

KONSERVIEREN DURCH EINKOCHEN

Erfolgreiches Einkochen setzt voraus, einwandfreie Produkte zu verwenden und bei allen benötigten Utensilien streng auf Sauberkeit zu achten. Dafür gibt es verschiedene Möglichkeiten. Angela bevorzugt die *Wassermethode:*

Dabei alle Gerätschaften und gereinigten Gläser und Verschlüsse für ca. 5 Minuten in einen Topf mit leicht kochendem Wasser legen. Danach mit einer Zange o.Ä. herausnehmen und auf einem sauberen Geschirrtuch umgekehrt abstellen. Hitzeempfindliche Teile, wie etwa Gummiringe, nur kurz ins heiße Wasser tauchen. Die noch heißen Gläser mit dem Einkochgut bis knapp unter den Rand befüllen und sofort mit den Deckeln fest verschließen.

Hildegard ist unsere Spezialistin für die *Backofenmethode:* Den Backofen auf 110 °C bei Umluft vorheizen. Die sauberen Gläser auf ein Backblech stellen, Flaschen quer legen. Auf einem zweiten Blech die Deckel oder Korken platzieren. Alles für 15 Minuten in den Ofen schieben. Das Backblech mit den Gläsern bzw. Flaschen danach herausnehmen und direkt mit dem Kochgut befüllen. Die heißen Behältnisse mit einem sauberen Geschirrtuch anfassen und mit den Deckeln verschließen.

Für beide Methoden gilt: Achte darauf, Gläser und Deckel nicht von innen anzufassen. Wichtig ist auch, die Ränder der Behältnisse nicht zu bekleckern. Oft wird empfohlen, die Gläser direkt nach dem Befüllen für 5 Minuten auf den Kopf zu stellen. Unseres Erachtens ist dies nicht nötig. Beim Abkühlen entsteht auch bei nicht umgedrehten Gläsern ein Vakuum, das zur Haltbarkeit beiträgt. Nach dem Abkühlen die Gläser und Flaschen mit Inhalt und Herstellungsdatum beschriften und am besten kühl und dunkel lagern.

KONSERVIEREN UND EXTRAHIEREN MIT ALKOHOL

Bereits im Mittelalter war dieses Prinzip bekannt. Damit entstanden in Klöstern Kräuterliköre, wie der berühmte Chartreuse, deren Originalrezepturen selbstverständlich streng gehütet wurden. Wir verwenden Alkohol in Form von Wein oder hochprozentigen Destillaten, um wertvolle Wirkstoffe und Aromen von Pflanzen zu extrahieren und zu erhalten. Zur Abrundung des Geschmacks geben wir gerne weitere Gewürze und Süße zu. Das Pflanzenmaterial waschen wir davor, mit Ausnahme von Blüten, um deren Pollen zu erhalten. Ganz oder zerkleinert müssen die abgetrockneten Pflanzenteile in einem sauberen Ansatzglas gänzlich mit Alkohol bedeckt sein, um Schimmelbildung zu vermeiden.

TINKTUREN, CREMES UND SALBEN

Für die Herstellung kosmetischer Präparate sind alkoholische Auszüge ebenfalls nützlich und wertvoll. Viele sekundäre pflanzliche Inhaltsstoffe lösen sich in Alkohol besser als in Wasser oder in Öl.

Tinkturen sind alkoholische Auszüge ohne Süße aus zerkleinerten Pflanzenteilen und werden auf ähnliche Weise wie Liköre hergestellt. Der Alkoholgehalt ist abhängig von den zu extrahierenden Wirkstoffen. Tinkturen können je nach verwendetem Alkohol verdünnt innerlich und äußerlich genutzt werden. Natürlich ist zu beachten, dass Tinkturen nicht für Kinder, Schwangere, Stillende, leber- und alkoholkranke Menschen geeignet sind.

Die Wirkung und Haltbarkeit von *Cremes und Salben* kann durch das Einrühren von Tinkturen positiv beeinflusst werden. In der Rührküche hat äußerste Hygiene beim Arbeiten höchste Priorität. Am besten bereits saubere Tiegel und Deckel nochmals mit hochprozentigem Alkohol gründlich reinigen. Creme oder Salbe in den Tiegel einfüllen und erst nach dem Erkalten des Inhaltes mit dem Deckel verschließen, um Kondenswasser zu vermeiden. Möglichst kühl lagern und zur Entnahme immer einen sauberen Spatel oder Löffel benutzen, niemals den Finger! Dies hilft, Keimbildung massiv zu reduzieren.

Ein kollektives Dankeschön …

… an alle, die unser liebgewonnenes Projekt zum Blühen gebracht haben!

Die Liebe zur Natur steht am Anfang! Sie wurde bereits in frühester Jugend gepflanzt. Also ganz herzlichen Dank an alle Omas und Opas, Mamas und Papas, die uns mit dem Wunder des Lebens vertraut gemacht haben. Die Gundermannschulen wässerten und düngten die zarten Keimlinge mit viel Grundlagenwissen und schließlich brachte die unendliche Geduld und Zuwendung unserer Freunde und Familien das zarte Pflänzchen zum Grünen. Partner und Kinder, die uns in Zeiten konzentrierter Schreibarbeiten bekochten, die Stall- oder auch andere Arbeiten übernahmen und immer ein offenes Ohr hatten.

Einen kräftigenden Wachstumsschub gab uns die freundliche Unterstützung von Gabriele Henkel, Hellmuth Buhn und Kathrin Mosandl. Sie brachten unser Projekt mit auf den richtigen Weg. So gestärkt konnte sich eine gesunde Pflanze entwickeln!

Einen sicheren Hort für unsere unzähligen Treffen fanden wir in den privaten Räumlichkeiten der Kollektivmitglieder – auch hier war die Gelassenheit der restlichen Familienmitglieder gefragt. In der Kräuterei im Gut Schloss Sulzemoos, der Günteringer Wildpflanzenküche, Peters Ponyhof in Schiltberg, der Weilachmühle und an manch anderem idyllischen Ort im Großraum München konnten wir uns nach Herzenslust austoben, kreativen Wortdrechseleien hingeben, lukullische Mittagspausen und fröhliche Fotoshootings genießen.

Zur vollen Blüte gelangte unser Pflänzchen aber erst durch die wärmenden Sonnenstrahlen, die uns der Löwenzahn Verlag zur rechten Zeit sandte. Versorgt mit tollen Ideen und animierenden Worten gingen die bunten Blüten auf und brachten unsere Ideen zur vollen Entfaltung. Danke an alle Verlagsmitarbeiter, besonders Katharina, Anita und Magdalena, sowie der Fotografin und Grafikerin Alice und Frau Steffl für das Lektorat! Ein tausendfaches Vergelt's Gott für eure kompetente Unterstützung!

Das Kräuterkollektiv

Danke an alle, auch von unseren zwölf ungezähmten Pflanzen fürs Leben

Schee

war's ♥

Register

Pflanzen

Gut zu wissen und auszuprobieren

Kulinarisches zum Nachkochen

Salate

Für die Schlacht am kalten Buffet

Suppen heiß und kalt

Soßen, Würze, Dips

Wilde Hauptspeisen

Herzhaftes Gebäck

Sweets for my sweet

Kuchen, Torten, Kekse

Getränke heiß und kalt

Wirkung und Anwendungsgebiete der Pflanzen

Rezepte für Helfendes und Heilendes

Für Haut und Haar

Literaturverzeichnis

Aschenbrenner Eva, Rezepte für die Gesundheit, Goldmann Verlag, 2011, 1.Auflage

Bühring Ursel, Praxis-Lehrbuch der modernen Heilpflanzenkunde, Haug Verlag, 2011

Fischer-Rizzi Susanne, Blätter von Bäumen,Heilkraft und Mythos einheimischer Bäume, AT Verlag, 2008

Fleischhauer Steffen Guido, Guthmann Jürgen, Spiegelberger Roland, Essbare Wildpflanzen, AT Verlag, 2007

Greiner Karin, Die heilsame Wiese, edition blaes, 2013

Hirsch Siegfried, Grünberger Felix, Die Kräuter in meinem Garten, Freya Verlag KG, 2013

Koll Kathrin, Keim Ulrike, Wagner-Bertram Angelika, Gemmotherapie - Heilen mit Pflanzen, GU Verlag, 2015

Lüder Rita, Lüder Frank, Wildpflanzen zum Genießen, kreativpinsel Verlag, 2017

Storl Wolf-Dieter, Die Pflanzen der Kelten, Knaur Verlag, 2010

Strauß Markus, Köstliches von Hecken und Sträuchern, Hädecke Verlag, 2011

greenprint* klimapositiv gedruckt

CERTIFIED cradletocradle SILVER

PEFC PEFC/06-39-224

Umschlag und Bindung ausgenommen

Gedruckt nach der Richtlinie „Druckerzeugnisse" des Österreichischen Umweltzeichens. gugler* print, Melk, UWZ-Nr. 609, www.gugler.at

Löwenzahn-Bücher werden auf höchstem ökologischen Standard gedruckt, ausschließlich mit Substanzen, die wieder in den biologischen Kreislauf rückgeführt werden können. Cradle to Cradle™-zertifiziert by gugler*, klimapositiv, auf Papier, das in Österreich produziert wurde, und ohne Plastikfolie, die dein Lieblingsbuch unnötig einhüllt – für unsere Umwelt und unsere Zukunft.

2. Auflage

E-Mail: loewenzahn@studienverlag.at

Internet: www.loewenzahn.at

Konzept: Löwenzahn Verlag/Katharina Schaller, Anita Winkler

Projektleitung: Löwenzahn Verlag/Katharina Schaller, Magdalena Schweißgut

Lektorat: Löwenzahn Verlag/Corinna Steffl

Ilustrationen, Umschlag- und Buchgestaltung: Tina Radulovic

Lizenzfreie Illustrationen: 123rf.com, freepik.com

Grafische Umsetzung: Alice Hönigschmid

Fotografien Innenteil:

Alle Alice Hönigschmid, außer:

Angela Mair: 14 o. li., 14 o. re., 14 u. li., 14 u. re., 15 o. li., 15 o. Mi., 15 o. re., 15 u. li., 15 u. re., 20, 24 o. li., 24 o. re., 24 u. li., 24 u. re., 38, 42 Mi., 54, 56 o., 58 o., 59, 74 o. re., 74 Mi. re., 100, 102 o., 102 Mi., 116 Mi. links, 116 u. re., 140, 144 li., 146 li., 146 re., 174 o., 174 Mi., 174 u., 188, 191, 195

Aki Schwarzenberger: 15 u. Mi., 26, 27, 34 u., 42 li., 42 re., 44 o. re., 49, 72 u., 73 u. 86 u., 88 o., 95, 102 u., 103, 118, 133 li., 151, 160 re., 161, 163, 168 li., 205

Gabriele Henkel: 16, 68, 76, 98, 126, 186

Hildegard Riedmair: 24 u. re., 56 Mi., 72 o., 74 u., 75, 87 u., 128, 130 li., 134, 142, 150, 154, 155, 162 u. li.

Jeanette Langguth: 14 u. Mi., 28, 33, 43, 47, 86 o. li., 117 o.

Michaela Lutz: 201 u. li.

Monika Engelmann: 58, 70, 73 o. re., 74 o. li., 74 Mi. li., 77 o., 77 u., 83, 87 o. re., 90, 114, 116 o. li., 133 re., 160 li., 162 o.

Richard Kienberger: 200

Rita Demmel: 14 o. Mi., 22, 23, 25, 40, 44 u. li., 56 u., 57, 73 o.li., 76, 80 li., 80 re., 84, 86 o. re., 93 u., 116 Mi. re., 116 u. li., 117 u., 119, 131, 147, 149, 158, 162 Mi., 162 u. re., 167 o., 172, 176, 181 o., 181 u., 190 o. li., 190 Mi. li., 190 Mi. re., 190 u. li., 190 u. re., 192 o., 193, 206 o. re.

Ulrike Kainz: 175

Bibliografische Information der Deutschen Bibliothek

Die Deutsche Bibliothek verzeichnet diese Publikation in der Deutschen Nationalbibliografie; detaillierte bibliografische Daten sind im Internet über <http://dnb.ddb.de> abrufbar.

ISBN 978-3-7066-2670-5